轨道交通建造关键技术研究丛书

地铁场段出入线超大断面隧道群施工关键技术

任立志　白　伟　李　围　段景川　著

中 国 铁 道 出 版 社

2018年·北 京

内 容 简 介

本书依托深圳地铁 7 号线安托山停车场和深云车辆段出入线，采用数值模拟方法、现场监测与工艺试验，进行了超大断面浅埋、小间距、偏压和非对称连拱隧道施工技术研究，解决了地铁场段出入线超大断面隧道群施工关键技术难题。

本书为城市轨道交通土建工程专业书籍，可为从事轨道交通工程施工、设计、监理和建设管理技术人员的指导用书和继续教育用书，也可作为高校教师和研究生的参考用书。

图书在版编目(CIP)数据

地铁场段出入线超大断面隧道群施工关键技术/任立志等著．—北京：中国铁道出版社，2018.6
（轨道交通建造关键技术研究丛书）
ISBN 978-7-113-24518-4

Ⅰ．①地…　Ⅱ．①任…　Ⅲ．①地铁隧道-大断面地下建筑物-隧道施工　Ⅳ．①U231.3

中国版本图书馆 CIP 数据核字(2018)第 102643 号

书　　名： 轨道交通建造关键技术研究丛书
地铁场段出入线超大断面隧道群施工关键技术
作　　者： 任立志　白　伟　李　围　段景川

策　　划： 傅希刚
责任编辑： 曹艳芳　　**编辑部电话：** 010-51873162
封面设计： 郑春鹏
责任校对： 胡明锋
责任印制： 高春晓

出版发行： 中国铁道出版社（100054，北京市西城区右安门西街 8 号）
网　　址： http://www.tdpress.com
印　　刷： 中国铁道出版社印刷厂
版　　次： 2018 年 6 月第 1 版　2018 年 6 月第 1 次印刷
开　　本： 880 mm×1 230 mm　1/32　印张：5.5　字数：143 千
书　　号： ISBN 978-7-113-24518-4
定　　价： 26.00 元

作者简介

任立志，男，1967 年 3 月出生，河北磁县人，汉族，中共党员，上海铁道学院铁道工程专业学士、英国格林威治大学项目管理硕士，教授级高级工程师。现任中国电建集团铁路建设有限公司副总经理、中国土木工程学会城市轨道交通分会理事、世界轨道交通发展研究会理事、深圳土木建筑学会轨道交通专业委员会理事、中国施工企业管理协会科学技术奖评审专家、上海应用技术大学兼职教授、深圳市市政设计研究院高级顾问。自 1991 年 7 月参加工作以来，先后参加或主持了广梅汕铁路、广州地铁 1 号线、内昆铁路、渝怀铁路、北京地铁 5 号线、青岛海底隧道、深圳地铁 7 号线、深圳地铁 4 号线三期、深圳地铁 5 号线南延线、深圳地铁 9 号线支线、深圳地铁 10 号线等工程的建设，对铁道工程、城市轨道交通设计与施工有深入的研究和见解。获得各级科学技术奖 15 项，获得专利 36 项，获得中国施工企业管理协会 2015 年度科技创新先进个人称号，出版专著 3 部。

白伟，男，1973 年 11 月出生，中国水利水电第七工程局南方分公司副总经理、总工程师、高级工程师。先后参建深圳地铁 1 号线、深圳地铁 5 号线、深圳地铁 7 号线、福州地铁 1 号线、福州地铁 6 号线、武广高铁等工程项目。主持了“深圳地铁七号线复合地层盾构选型及分体始发空推技术”、“复杂地质条件下地铁隧道施工关键技术”、“地铁特大断面关键技术”等科研项目，获得中国施工企业管理协会科学技术奖科技创新成果二等奖，并获得两项国家专利。参与编写《地铁工程施工技术》，近 5 年来发表专业论文多篇。

李围，男，1979 年 7 月出生。2006 年毕业于西南交通大学桥梁与隧道工程专业，获工学博士学位，现任上海应用技术大学轨道交通学院教授、铁道工程专业责任教授。先后工作于贵州大学、浙江大学宁波理工学院、中国电建铁路建设有限公司，分别任副教授、教授、副总工，荣获贵州省优秀青年科技人才、瑞士联邦理工大学访问学者，师从国际著名的岩石力学和隧道工程专家 J. ZHAO 教授。担任国家自然科学基金同行评议专家、《工程力学》和《岩土工程学报》EI 收录期刊审稿人。截至目前，先后主持省部级课题 4 项，主持地铁和公路隧道施工技术研究横向项目 10 余项，发表论文 40 余篇(其中，第一作者 EI 收录 9 篇，第一作者核心期刊 20 余篇)，出版专著及教材 5 部，获省部级科技进步奖 1 项。

段景川，男，1987 年 7 月出生，湖南常德人，汉族，中共党员，西南交通大学桥梁与隧道工程专业硕士，工程师。现供职于中电建南方建设投资有限公司工程管理部。自 2013 年 7 月参加工作以来，先后参与了深圳地铁 7 号线、深圳地铁 4 号线三期、深圳地铁 5 号线南延线、深圳地铁 9 号线支线、深圳地铁 10 号线等工程的建设工作，对岩土工程及铺轨施工有深入的研究与见解。参与获得省政府、行业协会、电建集团等各级科学技术奖 7 项，获得专利 9 项，由科学出版社等出版专著《地铁隧道下穿公路诱发地层变形理论与控制技术》等 3 部，在公路交通科技、隧道建设等学术期刊上发表《盾构隧道施工近接下穿水工结构物施工力学特性分析》等论文 11 篇，获得中国电建铁路建设有限公司 2016 年度优秀科技先进个人称号。

前　言

在城市地铁建设中，因车辆段与停车场占地大而需远离地铁线路设置，导致场段出入线隧道与区间相互交叉，且断面种类多。由中国水利水电第七工程局有限公司承建的深圳地铁7号线7302标包括三站三区间及两条场段出入线隧道工程，正线全长5 371双延米，地下区间及出入线洞长13 280单延米，车站总长768 m。采用矿山法施工的隧道总长10 260 m，占7号线矿山法隧道总长度的70%，6条隧道在这里互连缠绕，分分合合，形成形式复杂、四通八达的隧道洞群，具有隧道线路长、工作面多、断面结构复杂、穿越地层地质变化多、穿越广深高速公路和北环大道等城市主要干道等特点。总共有77种断面，单洞小断面33 m^2，单洞断面282 m^2。有浅埋隧道埋深仅6 m，有大断面偏压隧道与地面距离薄处仅150 cm，有单洞隧道两隧洞间距小到30 cm，有隧道相互跨越，有单洞变双洞，有双洞变单洞，有双洞变三洞再变双洞等，在国内地铁隧道领域尚属首次，施工安全风险高。开设了21个开挖工作面，分别采用了全断面法、台阶法、CD法、CRD法、中洞法等施工方法。经过700多个日夜不间断施工，矿山法隧道贯通误差均在10 mm内，比规范要求贯通精度提高了50%。施工过程无任何伤亡事故，也没有对城市地下地上复杂环境造成不利影响，工程合格率100%。

本书针对超大断面浅埋（埋深11.6 m、断面102.23 m^2）、小间距（开挖断面宽13.4 m、高10.091 m、净距4.0 m）、浅埋偏压(高差 15 m、开挖断面 200 m^2)和非对称连拱(大断面跨度为 15.10 m、高 11.2 m,小断面跨度为 12.63 m、高 9.57 m)隧道施工难点,采用数值模拟方法、现场监测与工艺试验,进行了超大断面浅埋、小间距、偏压和非对称连拱隧道施工技术研究,解决了地铁场段出入线超大断面隧道群矿山法施工关键技术难题,为我国今后地铁车辆段和停车场出入线隧道群多种断面的施工提供技术支撑。

研究成果"地铁出入线超大断面隧道群施工关键技术"获得中国铁道学会铁道科技奖三等奖和中国电力建设集团科学技术奖一等奖,矿山法隧道超长管棚定向施工工法获批中国电力建设集团工法。

本书第 1 章～第 3 章和结论由任立志撰写,第 4 章由白伟撰写,第 5 章由李围撰写,第 6 章由段景川撰写,全书由李围统稿。

本书在撰写过程中,参阅了许多专家学者发表的论文,在此向他们表示真诚的谢意!

本书在整理过程中,得到了朱慧坤和张梦恒的帮助。中国铁道出版社的傅希刚、陈小刚和曹艳芳等编辑对本书的修改和完善提出了大量宝贵意见和建议。在此向他们一并表示感谢!

由于时间仓促,加之作者水平有限,书中如有不妥之处,恳请同行专家及读者给予批评和指正。

作　者

2018 年 5 月

出版说明

截至2017年，我国城市轨道交通开通运营线路总长度达3 862 km(118条)，开通城市29个，其中步入网络化运营的城市共有13个，客运量达176.8亿乘次，全国共有9个城市网络日均进站量超过100万人次，共有运营员工20.8万人，平均每公里线路54人。

我国城市轨道交通占公共交通比例还很小(见表1)，与国际化大都市差距大，轨道交通发展潜力还很大。例如，尽管上海运营里程突破了680 km，为世界上轨道交通运营里程最多的城市，但其轨道交通占公共交通比例仅刚过50%，其中多条线路已经超负荷运营，上下班时间拥挤不堪。而深圳已经完成了三期建设运营，轨道交通仅占公共交通的三分之一还不到。

表1　世界各国大都市轨道交通占公共交通的比例

东京	伦敦	巴黎	莫斯科	上海	北京	深圳
86%	70%	70%	55%	54.6%	45%	32%

当前，我国轨道交通还处于高速发展期，特别是由于我国幅员辽阔，各区域地质差异较大，导致地铁的施工难易也不相同，因此，需要解决不同城市地质环境条件下地铁施工技术问题。

我国城市地质条件主要有：以上海、杭州等为代表的深厚软土层，以西安为代表的黄土地层，以成都为代表的砂卵石和漂石地层，以深圳、广州为代表的不同风化花岗岩组成的混合地层，以重庆、青岛为代表的岩石地层，以贵阳为代表的岩溶地层。其中，深圳混合地层主要为第四系全新统人工堆积层、海积层、海冲积层、冲洪积层、洪积层、上统更新坡积层、残积层震旦系混合岩和花岗片麻岩、震旦系混合岩和花岗片麻、燕山期花岗岩和加里东期混合花岗岩，地下水位位于地面以下 0.7～12.1 m。混合地层地铁施工难度最大，其主要地质问题如下：

1. 车站

范围内岩面高，基岩侵入车站范围内最大厚度达 14 m，地下连续墙入岩最大深度为 17.5 m，强度最高达 132 MPa，大倾角陡坡硬岩(45°)分布广泛。基坑控制爆破困难，成槽困难。

2. 盾构区间隧道

穿越地段基岩面起伏大、变化剧烈，硬岩、上软下硬、富水砂层、孤石、掘进中存在盾构机姿态难以控制、坍塌、涌水，地面沉降难以控制从而造成地面建筑物开裂损坏、盾构机易被卡住等。

3. 矿山法区间隧道

位于全强风化花岗岩中，顶部主要为砂质黏性土、素填土、中砂、粗砂等富水软土层，施工失水极易引起隧道变形、地面塌方等风险。再加上在深圳主城区修建地铁地上地下环境条件复杂，例如三期重大工程 7 号线穿越深圳主城区，全线正下穿既有建筑物 20 余栋，5 次下穿河流和湖泊，1 次上穿高速铁路，2 次下穿既有铁路，4 次下穿已运营地铁线，8 次下穿(或侧穿)既有桥梁，在华强北商圈核心地段与 7 号线同步实施华强北地下空间工程。

本套丛书结合我国目前正在大力修建的城市地铁重大工程，及时总结施工中研究形成的新技术并出版，为同城后期地铁工程的建设提供技术支撑和其他城市类似工程提供技术参考有其重要意义。

因此，中国铁道出版社与地铁建设相关单位合作，出版《轨道交通建造关键技术研究丛书》，期待为我国地铁工程新技术的进步贡献一份力量。

丛书策划：李围、傅希刚

2018年1月1日

目　　录

第1章　绪　论

1.1　研究背景

深圳地铁7号线7302标由中国电建水电七局承建，包含深云～安托山区间、深云车辆段出入线、安托山停车场出入线以及与2号线的联络线隧道群，总长10 260 m，矿山法隧道特点：

(1)超大断面浅埋隧道，最小埋深11.6 m、毛洞开挖达102.23 m^2。

(2)超大断面小间距隧道，最大开挖断面宽13.4 m、高10.091 m，两隧道净距近为4.0 m，Ⅳ级围岩、埋深为15～16.5 m。

(3)超大断面浅埋偏压隧道，最小埋深不足2.5 m，且隧道左右边壁埋深相差超过15 m，属于严重偏压，同时该段为单洞三线隧道，开挖断面超过200 m^2。

(4)超大断面非对称连拱隧道，大断面跨度为15.10 m、高11.2 m，小断面跨度为12.63 m、高9.57 m；长30 m、埋深13～15 m。

本工程地形地质条件复杂多变，隧道断面大、形式多样；其中隧道断面形式多达77种，仅超大断面达21种；单洞三线隧道最大开挖断面为200 m^2，连拱隧道最大开挖断面为424 m^2，在国内地铁隧道领域尚属首次，施工安全风险高。

因此，依托深圳地铁7号线场段出入线工程，开展地铁场段出入线超大断面隧道群施工关键技术研究具有重要意义。

1.2　主要研究内容与方法

本书主要基于深圳轨道交通7号线的施工项目，对复杂地质条件下地铁超大断面隧道施工技术进行详细的研究，主要是对超大断面浅埋隧道、超大断面小间距隧道、超大断面浅埋偏压隧道、超大断面非对称连拱隧道的研究。针对这四种类型的超大断面隧道，本书详细的对每一种隧道的工程概况进行介绍，并且对他们的施工技术进行研究。研究的内容主要为隧道的施工工艺流程、隧道开挖中的爆破及初期支护、施工数值模拟及分析、监控量测及地面沉降分析。其中施工数值模拟运用 FLAC3D 数值模拟软件建立三维地质模型并进行力学分析。监控量测的数据运用 Excel 软件进行画图，使数据更加直观便于分析。

本书采用了基于工程类比和理论分析，提出了不同条件下的超大断面隧道开挖的施工方案和支护措施，在施工中顺利实施，隧道围岩稳定、变形量不大，未发生地表塌陷等事故，确保了施工安全和地表安全，验证了研究成果的正确性，总结出有效的施工方案，对今后类似工程可提出明确指导。

针对不同条件下的超大断面隧道，采用有限元法对暗挖施工方法的各工序进行了数值模拟分析，分析各工序围岩受力和变形的重点部位，预判变形处允许范围，综合考虑施工便利性、投资等多种因素，确定合理施工方案。研究攻克了施工中的关键技术难题，掌握地铁施工成套核心技术，编制系列工法、技术文献等，形成成套的可以用于指导类似工程施工的技术性文献，做好技术储备等基础性工作。

1.3 研究现状

1.3.1 国内研究现状

我国的大断面隧道建设相对国外较晚，从 20 世纪 90 年代开始我国修建大断面隧道，目前大断面隧道主要集中在铁路、公路隧道方面。

颜卫东、孙晓阳，等[1]以南京牛首山文化旅游区七宝莲道为背景。该地区隧道是典型的超浅埋超大断面隧道，为矿渣堆填区，区内岩堆体松散且位于进山主干道下，易受施工及外部动荷载扰动。为确保施工安全，对地层采取袖阀管分层注浆加固的改良方式及采用早期强度高、刚度大的初期支护，控制围岩早期变形。陈林杰，梁波，王国喜[2]以重庆地铁6号线五路口地铁车站为依托工程，运用数值计算并结合现场监测成果等手段，开展浅埋暗挖超大断面地铁车站隧道开挖方法的研究。结合五路口车站工程的地质条件和断面特点，提出开挖浅埋暗挖超大断面地铁车站隧道的新方法：台阶临时支撑＋部分双侧壁法，该方法在国内首次被引入地铁轨道工程施工中。同时还结合具体工程实际情况，对施工过程进行动态模拟，确定了施工开挖方法，同时依据动态监控量测结果对施工参数进行优化调整，达到提高施工安全水平、加快施工进度和降低工程成本的目的。李讯、何川，等[3]通过数值模拟和现场监控相结合的方式，以广州地铁2号线公园前站—纪念堂站区间隧道工程为背景，研究了地铁区间过渡段浅埋超大断面隧道的破坏形态、开挖工法、施工参数及支护体系力学特性。研究结果表明：应以中风化和微风化岩层的交界处产生向两侧以泰沙基破裂角扩展的破裂面作为荷载设计的依据；不同开挖工序的地表沉降有较大区别，拱部中导洞最后施工对控制地表下沉最有利；管棚直径对地表沉降影响不大，减少管棚环向间距对控制地表沉降更为有效；临时横撑是施工期重要的支护结构，1次拆除长度不宜超过6 m。

石宵爽、曾祥国，等[4]结合重庆花土岗隧道实际工程，对该大断面小净距隧道开挖过程进行了数值模拟分析，建立了不同开挖间距的隧道模型，通过对比分析围岩变形、应力及地表沉降，得出先行洞超前开挖30 m是可行的，此外还指出了小净距隧道施工过程中应重点监控和关注的位置。杜菊红[5]在其博士论文中依托平年隧道，对小间距隧道施工特性进行了研究，包括利用室内相似模型试验获得了对小净距隧道围岩应力与变形分布、双线相互影响与力学机理的认识；利用有限元软件分析了不同影响因素下小间距隧道的力学特性等。龚建伍[6]在2010年对某山区高速公路双洞隧道（长450 m，最大开挖跨度16.7 m，中夹岩柱最小厚度6 m）进行了施工过程中的围岩变形监测。通过监测数据分析了该大跨小净距隧道施工中的变形特点和规律，为支护合理施作时机和衬砌参数的优化研究做了铺垫。

陈莹、林从谋，等[7]以国内罕见的大跨度超大断面浅埋偏压隧道——前欧隧道为工程背景，通过现场试验获得围岩变形数据，运用速率上限截断方法及小波理论对数据进行处理，并运用 ANSYS 对开挖过程进行二维模拟，获得了一些变形规律。王维富、梅竹[8]为探索台阶法在超大断面浅埋偏压隧道施工中的可行性，以蒙华铁路石岩岭隧道为研究对象，对台阶法和传统分部开挖法进行比选，提出三台阶临时仰拱＋竖向支撑的开挖工法，并采用 MIDAS 有限元软件建立地层—结构模型，对施工各阶段隧道—围岩体系的应变—应力进行模拟分析，以判断开挖过程的结构风险。对台阶法施工过程中出现的拱顶沉降大、初期支护出现裂缝、爆破对软硬不均地段的影响和地表土体开裂等问题进行分析并提出相应的对策。

高峰，周谊一，胡学兵[9]针对厦门市东坪山地下立交工程的重点与难点问题进行专项计算分析，采用荷载—结构法对Ⅳ级围岩地下立交分岔处非对称连拱隧道的承载能力与正常使用极限状态进行验算，并给出配筋设计。何珺，张成平，等[10]针对砂卵石地层特性配制了围岩相似材料，利用自主研发的大型平面模型试验台架，对不同荷载条件下非对称连拱隧道的受力特性进行了深入研究，重点分析了衬砌外表面压力和结构内力的分布及变化特点，总结了隧道裂缝的发展规律和结构破坏过程。试验结果表明：非对称连拱隧道大洞衬砌外表面压力显著大于小洞，但两者分布规律相似，最大值均位于拱顶，其次为内侧拱肩，外侧拱腰处最小；左右洞室受力不对称导致隧道中墙存在明显偏压；注浆加固圈可以有效降低衬砌外表面压力，改善结构受力条件，提高结构稳定性。聂善文，张端良，樊帅，等[11]根据某高速公路非对称连拱隧道衬砌结构形式，针对地表平、地表顺倾斜和地表逆倾斜等地表倾斜情况建立了相应的有限元分析模型，选取围岩稳定性、衬砌安全性和偏压情况等反映隧道稳定性的性能指标，采用数值模拟方法综合分析了不同地表倾斜情况下不同开挖方案对隧道稳定性的影响。结果表明,地表倾斜状况显著影响非对称连拱隧道围岩和衬砌的受力和变形情况,非对称连拱隧道地表平时应采用先大洞后小洞的开挖方案,地表倾斜时必须综合考虑地表倾斜情况和大小洞的跨度差异,才能合理确定开挖方案。

1.3.2 国外研究现状

隧道洞口段往往埋深浅、地质条件差,开挖易发生隧道坍塌、边仰坡失稳等工程事故,特别是在软弱围岩中建设的大断面隧道洞口更容易发生事故,因此,选择合适的施工方法进行洞口段开挖显得尤为重要。在国外,日本、德国等一些西方发达国家在这方面研究起步较早。1981 年,德国最早创造出了 CD 法,并在慕尼黑地铁施工中成功应用,同时在大跨度隧道创造出了双侧壁导坑法;1984 年,日本将德国的 CD 法首次在真米公路隧道施工中成功应用;1995 年,德国采用了环形开挖留核心土法在恩格贝格山岭公路隧道施工中。日本采用了双侧壁坑导法、CD 法、CRD 法等多种施工方法并多次应用在东名高速公路隧道改造加宽工程中。[12]

W Wittke[13]用有限元法和现场监测手段对某浅埋大断面隧道的施工过程进行了研究,项目的阶段包括了勘探和试验、设计、稳定性分析和施工到施工后监测,最后认为中隔墙法能够有效控制沉降。YK Kotenkov,等[14]对某大断面水电站地下隧洞进行现场监测,研究了锚杆支护的作用效果。例行监测隧道和 DVA 驾驶施工期间工作情况的行为,证实可以通过轻质衬砌增加伸展量达 400 m 和 520 m,并且由于减少了材料和劳动力的开支,可以节省大量资金。Chehade F H, Shahrour I[15]利用数值模拟的方法对小净距隧道双线的空间相对布置位置和施工过程进行了参数分析。由于隧道的相对位置和施工程序影响衬砌的土体运动和内力,研究这些因素对隧道设计的影响是非常有意义的。针对这一问题,其进行了参数研究,研究了这两个因素对隧道施工引起的土体沉降和内力的影响。先后给出了隧道水平、垂直、倾斜三种构型的数值模型，并进行了分析。结果表明，施工程序影响土体的沉降和内力，上部隧道的施工首先产生较大的沉降和弯矩，垂直排列隧道的土体沉降最大，水平排列隧道的沉降最小。A Paternesi[16]依托某小净距浅埋隧道工程对支护参数进行了优化。R Tiwari，等[16]在2016年利用三维非线性有限元法对并行隧道爆破相互影响进行了研究，认为隧道支护和围岩的变形和破坏程度主要受装药量和双洞净距影响。其研究了在隧道内爆炸荷载作用下钢筋混凝土（RC）衬砌地下双隧道的三维非线性有限元分析，利用有限元软件 ABAQUS/Eulerian Lagrangian 显式耦合有限元分析工具对爆炸载荷进行了数值模拟。

第 2 章　依托工程概况

2.1　场段出入线隧道群概况

安托山停车场出入线矿山法隧道左右线刚开始为分离式隧道，右线从正线竖井出来后沿西向北走一段，右拐下穿北环大道后进去安托山公司采石场里面的停车场出入线 1 号竖井，左线从安托山站前明挖基坑出来后下穿北环大道进入塘朗山后左拐，在塘朗山由东向西拐一大弯后再下穿北环大道进入安托山公司采石场里面的停车场出入线 1 号竖井。在 1 号竖井出来后左右线合并为单洞隧道，隧道沿安托山山脚右拐到达安托山停车场。暗挖区间起止里程右线为 ADK0＋231.316～ADK0＋764.500、ADK0＋775.000～ADK1＋176.000、ADK1＋184.000～ADK1＋550.494，左线为左 ADK0＋187.247～左 ADK1＋201.199(长链范围内里程)、左 ADK1＋212.226(长链范围内里程)～左 ADK1＋550.494，右线全长 1 300.678 m，左线全长 1 789.421 m。

深云车辆段出入线左本区间地下水位较高，隧道洞室大部分位于地下水位以下。左线线长 2 390 m，右线长 2 148 m，于深安竖井、安托山站前明挖段及左 SDK1＋897 斜井处分别开打暗挖工作面。区间隧道采用单线单洞、双线单洞及三线单洞形式，线路最大曲线半径为 1 000 m，最小曲线半径为 205 m。上覆地层以软弱松散的残积层为主。根据所取地下水的水质分析报告综合评价，本线路地段的地下水对钢筋混凝土结构及对钢筋混凝土结构中钢筋均具微腐蚀性。

场段出入线隧道群线路图示意于图 2.1 中。

图 2.1　场段出入线隧道群线路图

2.2　工程地质概况

(1)第四系全新统人工堆积层(Q_4^{ml})

按填土填料成分不同分为①$_1$、①$_2$、①$_3$、①$_4$、①$_5$ 五个亚层，地表为水泥路面及垫层。

①$_1$ 素填土:褐红色、黄褐色、灰褐色，可塑～坚硬，主要成分为黏性土，由花岗岩残积土回填而成，混砂砾，局部夹碎石，碎石粒径 20～110 mm，结构松散。呈透镜体状，主要分布于右线 SDK1＋295～SDK1＋630 段、左线 SDK0－010.6～SDK0＋100、SDK0＋150～SDK0＋440、SDK1＋510～SDK1＋860 段，厚 0.80～24.50 m，层顶高程 38.48～157.61 m，层底高程 34.39～150.35 m，层底埋深0.80～24.50 m。实测标准贯入击数为 7～37 击，平均 18.5 击。

①$_2$ 素填土:灰褐色、黄褐色，主要成分为填砂，含约 20％的黏性土，呈胶结状，密实，稍湿～饱和，表层为混凝土及砂垫层。呈透镜体

状,主要分布于右线 SDK0＋050～SDK0＋270 段、左线 SDK0＋150～SDK0＋180 段、SDK0＋240～SDK0＋300 段,厚 2～6.3 m,层顶高程 53.16～47.00 m,层底高程 44.76～46.96 m,层底埋深 2～6.3 m。

$①_3$ 素填土:灰褐色、红褐色、青灰色、灰白色,主要成分为花岗岩碎石,一般粒径 20～80 mm,充填少量黏性土、砂砾,中密,稍湿。呈透镜体状,主要分布于左线 SDK0＋025～SDK0＋080 段、SDK1＋820 处、右线 SDK1＋590 处,厚 3.7～4.8 m,层顶高程 42.79～121.91 m,层顶埋深 0～5.8 m,层底高程 39.09～117.11 m,层底埋深 3.7～10.6 m。

$①_4$ 素填土:肉红色、浅肉红色,主要成分为花岗岩块石,一般粒径 200～450 mm,充填少量黏性土、砂砾,松散,很湿～饱和。呈透镜体状,主要分布于 SDK0＋162～SDK0＋165 段,厚 0～1.5 m,层顶高程 46.91～99.69 m,层顶埋深 1.80～4.00 m,层底高程 45.91～98.19 m,层底埋深 3.30～5.00 m。

$①_5$ 杂填土:青灰色、杂色,成分为黏性土、碎石、建筑垃圾、生活垃圾等,松散,稍湿。呈透镜体状,主要分布于右线 SDK0＋000～SDK0＋120 段,厚 13.20～15.60 m,层顶高程 50.07～50.11 m,层底高程 34.51～36.87 m,层底埋深 13.20～15.60 m。实测标准贯入击数(单值)为 5 击。

(2)第四系全新统冲洪积层(Q_4^{al+pl})

$④_5$ 粉质黏土:灰色,可塑,含少量粉细砂。在 MGZ3-TSA-2 号孔附近呈透镜体状分布。层厚 1.60 m,层顶高程 34.98 m。实测标准贯入击数(单值)为 10 击。

(3)残积层(Q^{el})

由花岗岩风化残积形成,按照其大于 2 mm 颗粒含量(%)可分为$⑦_1$ 砾质黏性土和$⑦_2$ 砂质黏性土 2 个亚层。

$⑦_1$ 砾质黏性土:红褐色、褐黄色、黄色,夹灰白色斑点,可塑～坚硬，由花岗岩风化残积形成。呈透镜体状，主要分布于左线 SDK0－010.6～SDK0＋040、SDK0＋070～SDK0＋180、SDK0＋210～SDK0＋250、SDK0＋410～SDK1＋520、SDK0＋900～SDK2＋380 段，右线 SDK0＋010～SDK0＋250、SDK0＋300～SDK0＋550、SDK0＋600～SDK1＋260、SDK1＋650～SDK2＋150 段，厚 1.50～10.60 m，层顶高程 33.38～257.07 m，层顶埋深 0～15.60 m，层底高程 31.48～249.07 m，层底埋深 3～18.00 m。实测标准贯入击数为 12～29 击，平均 19.5 击，修正击数为 10.1～24.1 击，修正后平均 17.1 击。

⑦$_2$ 砂质黏性土：褐红、褐黄、灰白色，可塑～硬塑。由细粒花岗岩风化残积形成。层厚 0～6.20 m，层顶高程－14.11～－11.32 m，层顶埋深 16.10～18.60 m。该层共进行标准贯入试验 4 次，实测击数 13～30 击，平均 23.5 击，修正击数 9.4～20.5 击，平均 16.3 击。

(4)燕山期花岗岩(γ_5^3)

灰白、肉红、黄褐色，中～粗粒结构，块状构造，主要矿物成分为石英、长石及暗色矿物。本次钻探揭露按风化程度可分为⑧$_1$ 全风化花岗岩、⑧$_2$ 强风化花岗岩、⑧$_3$ 中等风化花岗岩和⑧$_4$ 微风化花岗岩 4 个亚层，分述如下：

⑧$_1$ 全风化花岗岩：岩体呈土状、砂土状，除石英及少量长石外，其余矿物已风化成黏土。呈透镜体状，主要分布于右线 SDK0＋000～SDK0＋580、SDK0＋800～SDK0＋900 段，左线 SDK0－010.6～SDK0＋160、SDK0＋230～SDK0＋300、SDK1＋000～SDK1＋200，厚 0～11.90 m，层顶高程 32.11～151.50 m，层顶埋深 0～18.00 m，层底高程 29.51～146.20 m，层底埋深 1.70～20.90 m。实测标准贯入击数为 32～57 击，平均 46.4 击，修正击数为 22.6～47.5 击，平均 37.4 击。

⑧$_2$ 强风化花岗岩：岩体呈密实砂土状，局部夹碎块，碎块手可掰断。主要分布于右线 SDK0＋000～SDK0＋240、SDK0＋630～

SDK0＋660、SDK0＋850～SDK1＋030、SDK1＋558～SDK2＋140、SDK0＋850～SDK1＋030段，左线SDK0＋000～SDK0＋180、SDK0＋560～SDK0＋870、SDK1＋770～SDK2＋350，最大揭露厚度16.3 m，层顶高程27.48～233.15 m，层顶埋深0～18.75 m。实测标准贯入击数为52～90击，平均72.5击，修正击数为33.8～64.5击，平均57.4击。

⑧$_3$ 中等风化花岗岩：岩体呈碎块状、块状，节理裂隙发育。场地普遍分布，最大揭露厚度14.8 m，层顶高程22.49～228.05 m，层顶埋深0.80～25.10 m。本场地中等风化花岗岩为较硬岩，岩体较破碎，岩体基本质量等级为Ⅳ级。

⑧$_4$ 微风化花岗岩：岩体呈块状、大块状，节理裂隙局部发育。场地普遍分布，最大揭露厚度181.70 m，层顶高程19.99～227.25 m，层顶埋深4.50～32.80 m。岩石饱和单轴抗压强度标准值 f_r＝68.5 MPa，为坚硬岩，岩体较完整，岩体基本质量等级为Ⅱ级。

(5)加里东期混合花岗岩($M\gamma_3$)

青灰色，细粒变晶结构，块状构造，主要成分为石英、长石、云母。本次钻探揭露按风化程度可分为⑨$_3$ 中等风化混合花岗岩、⑨$_4$ 微风化混合花岗岩2个亚层，分述如下：

⑨$_3$ 中等风化混合花岗岩：岩体呈碎块状、块状，节理裂隙较发育。主要分布于主要分布于左线SDK1＋034.9处，最大揭露厚度26.6 m，层顶高程63.50 m，层顶埋深117.4 m。岩石饱和单轴抗压强度平均值 f_r＝18.2 MPa，为较软岩，岩体较破碎，岩体基本质量等级为Ⅳ级。

⑨$_4$ 微风化混合花岗岩：岩体呈块状、大块状，节理裂隙发育。呈透镜体状，主要分布于主要分布于左线SDK1＋432.1、右线SDK1＋193.7处，厚13.6 m，层顶埋深173.20 m，层顶高程59.95 m，层底埋深186.80 m，层底高程46.35 m。岩石饱和单轴抗压强度单值

f_r=73.0 MPa,为坚硬岩,岩体较完整,岩体基本质量等级为Ⅱ级。

(6)震旦系花岗片麻岩(Z)

青灰色,细粒变晶结构,片麻状构造,主要成分为石英、长石、云母。本次钻探揭露按风化程度可分为⑪$_1$ 全风化花岗片麻岩、⑪$_3$ 中等风化花岗片麻岩和⑪$_4$ 微风化花岗片麻岩 3 个亚层,分述如下:

⑪$_1$ 全风化花岗片麻岩:岩体呈土状、砂土状,除石英及少量长石外,其余矿物已风化成黏土。呈透镜体状,主要分布于主要分布于左线 SDK1+094、右线 SDK1+335 处,厚 4.0 m,层顶高程 249.07 m,层顶埋深 8.0 m,层底高程 245.07 m,层底埋深 12.0 m。

⑪$_3$ 中等风化花岗片麻岩:岩体呈碎块状、块状,节理裂隙发育。呈透镜体状,主要分布于主要分布于左线 SDK1+094、右线 SDK1+335 处,厚 3.1 m,层底高程 241.97 m。本场地中等风化花岗片麻岩为较硬岩,岩体较破碎,岩体基本质量等级为Ⅳ级。

⑪$_4$ 微风化花岗片麻岩:岩体呈块状,节理裂隙较发育。呈透镜体状,主要分布于主要分布于左线 SDK1+094、右线 SDK1+335 处,厚 15.7 m,层底高程 226.27 m。

2.3 不同隧道类型概况

1. 超大断面浅埋隧道

深圳地铁 7 号线深云车辆段出入线右 SDK1+725.411~SDK1+790.000 为超大断面浅埋隧道,最小埋深 11.6 m、毛洞开挖达102.23 m^2。上覆地层以软弱松散的残积层和强风化花岗岩为主,分别达到 4 m 左右,而完整性较好、强度较高高的微风化花岗岩不到 2 m。

2. 超大断面小间距隧道

深云车辆段出入线 SKD1+839.393~SKD2+018.751 区间中

SKD1＋991.700 为超大断面小间距隧道，最大开挖断面宽 13.4 m、高 10.091 m，两隧道净距近为 4.0 m，Ⅳ级围岩、埋深为 15～16.5 m，施工安全风险较大。平面示意图如图 2.3－1 所示，地质纵断面图如图 2.3－2 所示。施工特点如下：

(1)采用新奥法施工技术指导施工，以合理的开挖顺序及开挖方法、初期支护紧跟、对中夹岩墙加固处理，确保了隧道围岩稳定和施工结构稳定，施工安全可靠。

(2)采用监控量测信息技术指导施工，使施工处于受控状态。

(3)采用中夹岩墙法施工，具有一定的社会经济效益。

(4)可有效地控制地面沉降，对周围环境影响小。

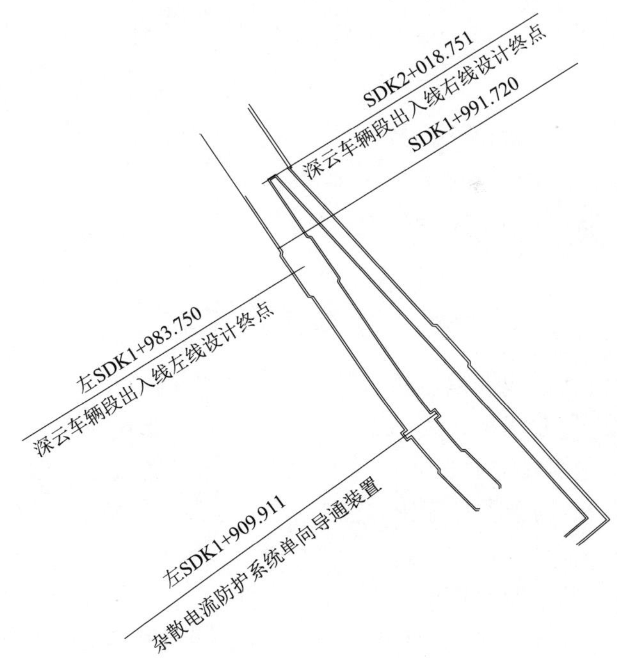

图 2.3－1　平面示意图

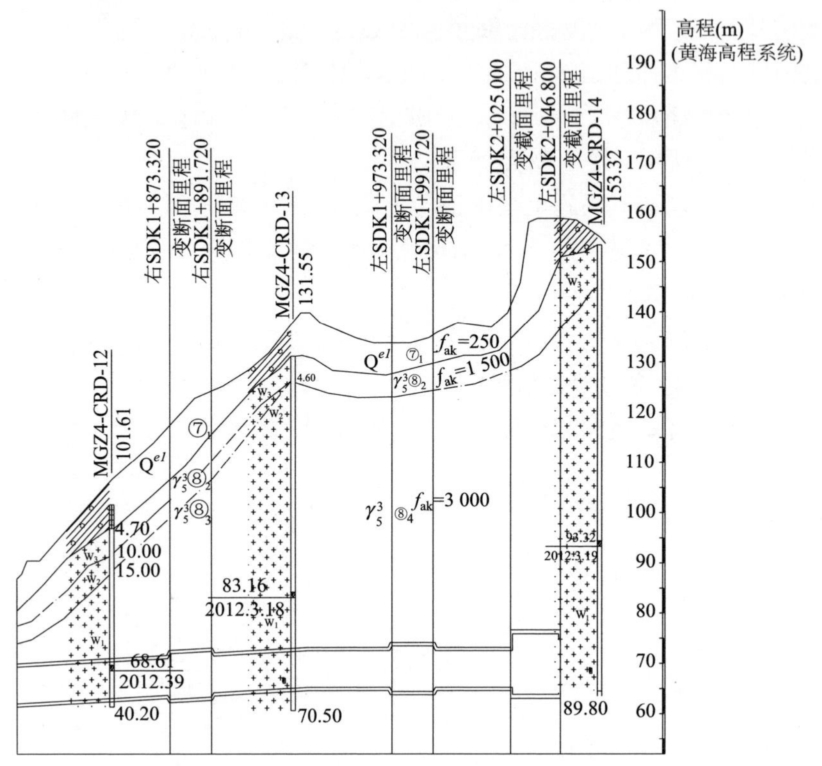

图 2.3－2　地质纵断面图

3. 超大断面浅埋偏压隧道

安托山停车场出入线 ADK1＋470.494～ADK1＋550.494 为超大断面浅埋偏压隧道，最小埋深不足 2.5 m，且隧道左右边壁埋深相差超过 15 m，属于严重偏压，同时该段为单洞三线隧道，开挖断面超过 200 m^2。

4. 超大断面非对称连拱隧道

深云站～安托山站 DK8＋273.912～DK8＋248.279 为超大断面非对称连拱隧道，大断面跨度 15.10 m、高 11.2 m，小断面跨度为 12.63 m、高为 9.57 m；长 30 m、埋深 13～15 m。

第 3 章　超大断面浅埋隧道施工技术

3.1　施工工艺流程及重难点

超大断面浅埋隧道的施工工艺总流程如图 3.1 所示。

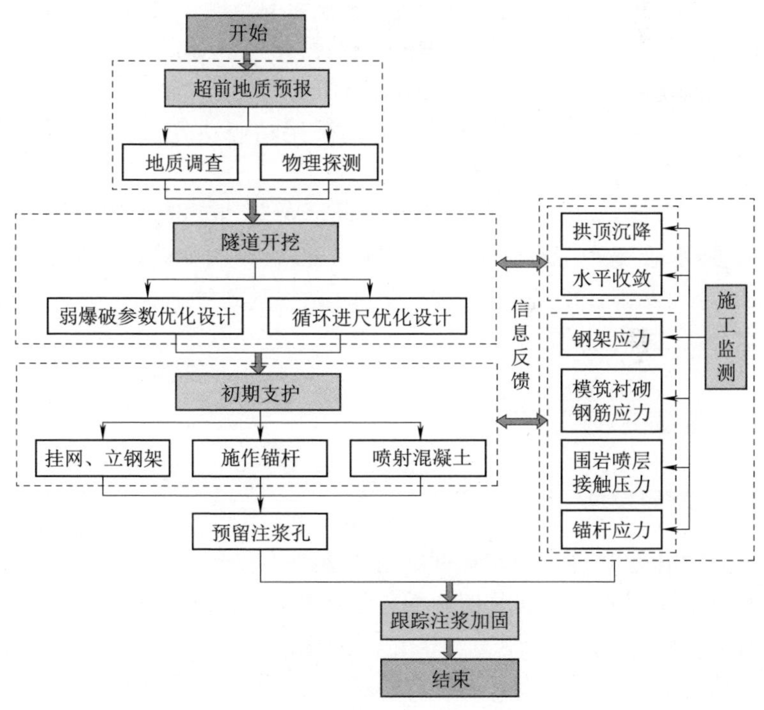

图 3.1　超大断面浅埋隧道施工工艺总流程图

该区段隧道跨度大、埋深浅、地质条件复杂，开挖过程中出现坍塌、突水等紧急情况的可能性大，地面沉降难以控制，因此在开挖过程中，必须通过控制措施保证地铁隧道结构安全，避免对地面建(构)筑物、地下管线造成破坏或留下安全隐患。其施工难度很大，主要表现在以下几个方面：

(1)隧道施工对临近建筑物的影响。地铁隧道开挖施工时必须保证建筑物的安全和正常使用，保证企业的正常运营和居民的正常生活。

(2)隧道跨度大，最大断面宽度 11.93 m，为单洞双线隧道，施工工序多、结构繁琐，受力情况复杂。

(3)隧道的地质情况复杂，开挖部分为围岩质量较好的微风化坚硬花岗岩，但上部同等级覆层较薄，超过 90%的地层为第四系残积层和强风化花岗岩。

(4)隧道开挖部分岩质坚硬，需要采用钻爆法开挖，但爆破对复杂地层扰动大，需要严格控制。

综上所述，大跨度浅埋隧道施工环境苛刻，相邻建筑物对施工要求高，技术难度大。安全、顺利、如期完工，必须研究确定科学的开挖方法，合理安排各工序，控制地面沉降，确保建筑物、管线等不受较大影响，保证居民正常生活。

3.2 隧道开挖

3.2.1 爆破设计

隧道开挖必须尽可能减轻对围岩的振动，充分发挥围岩的自承能力。钻爆作业是保证开挖断面轮廓平整准确、减少超欠挖、降低爆破振动、维护围岩自承能力的关键。采用线形微震爆破新技术和光面爆破技术进行爆破作业，根据围岩情况，及时修正爆破参数，以达到最佳爆破效果，形成整齐准确的开挖断面。

1. 施工工艺设计

施工过程中采用多布孔、少装药、弱爆破的线形微震爆破技术和光面爆破技术，爆破炸药采用低爆速、抗水性好的 2 号岩石乳化炸药，药卷直径按照掏槽眼为 ϕ35 mm，辅助眼为 ϕ32 mm，光面爆破周边眼为 ϕ25 mm，最小抵抗线取 60 cm，周边眼间距为 60 cm。炮泥使用 2/3 砂和 1/3 黄土制作并使用水炮泥。结起爆网路采用塑料导爆管传爆雷管复式网路。传爆雷管用黑胶布缠好。

掏槽眼采取 3 中空眼直筒掏槽眼的布置方式，最小间距 20 cm，其他炮眼间距为 70～100 cm。炮眼深度根据开挖循环进尺加深 10%～15%，掏槽眼深度较其他炮眼超深 10%，线装药系数控制在 0.4 kg/m 以内，多分段，减少单线最大装药量，控制为 3.5 kg 以内，增大相邻段起爆时间间隔，以此控制爆破应力波的叠加、爆破振动速度和振动频率，减弱对围岩的损伤。详细爆破参数见表 3.2－1。

表 3.2－1　详细爆破参数

参数项	参数设置
钻孔直径 d	42 mm
最小抵抗线 W	80 cm
光面爆破周边眼间距 a_1	60 cm
辅助眼和掏槽眼间距 a_2	$(1.0 \sim 1.2)W$
炮眼排距 b	W
炮眼深度 L	$H+h$；单循环进尺 $H=2.0$ m；炮眼超深 $h=(0.1 \sim 0.15)H$
单位炸药消耗量 q	$\leqslant 1.6$ kg/m^3
单眼装药量 Q	$0.33e \cdot q \cdot a \cdot b \cdot L$；其中 e 为炸药换算系数，取为 1.0；单位 kg

为了达到良好的破岩和光面爆破效果，实际中周边眼单眼装药量减弱为 0.8 倍，掏槽眼和底板眼加强装药量至 1.2 倍，辅助眼为 1.0 倍。

爆破器材选用：采用塑料导爆管非电毫秒雷管起爆系统，毫秒雷管采用特定的 26 段等差(50 ms)毫秒雷管，引爆采用电雷管。炸药采用 2 号岩石乳化炸药，选用 ϕ25 mm、ϕ32 mm、ϕ35 mm 三种规格，其中 ϕ25 mm 为周边眼专用光爆药卷，ϕ35 mm 为掏槽眼专用药卷，ϕ32 mm 为辅助眼专用药卷。

隧道开挖采用台阶法开挖，Ⅲ级围岩花岗岩地层，属于硬质岩体，采用线形微震爆破新技术和光面爆破技术进行弱爆破开挖。具体方案如下：

(1)上台阶光面爆破设计

采用弱爆破设计，设置斜眼直筒掏槽布置，掏槽眼布置剖面如图 3.2－1所示，辅助眼、底板眼以及周边眼均采用直眼掏槽。具体爆破网络如图 3.2－2 所示。掏槽眼、辅助眼、底板眼、周边眼的装药结构如图 3.2－3 所示，爆破设计参数见表 3.2－2。

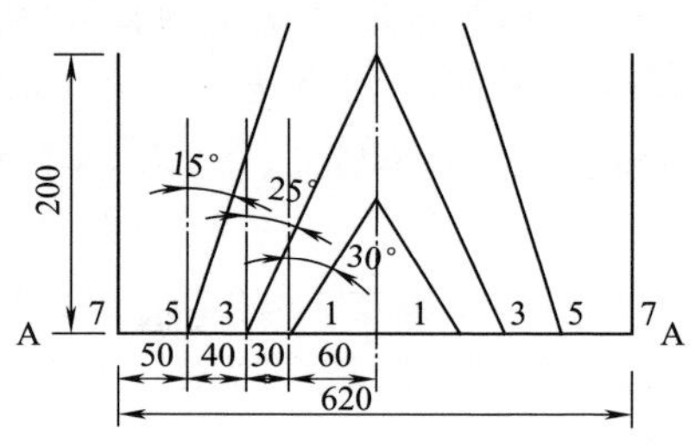

图 3.2－1 掏槽眼布置剖面图(单位:cm)

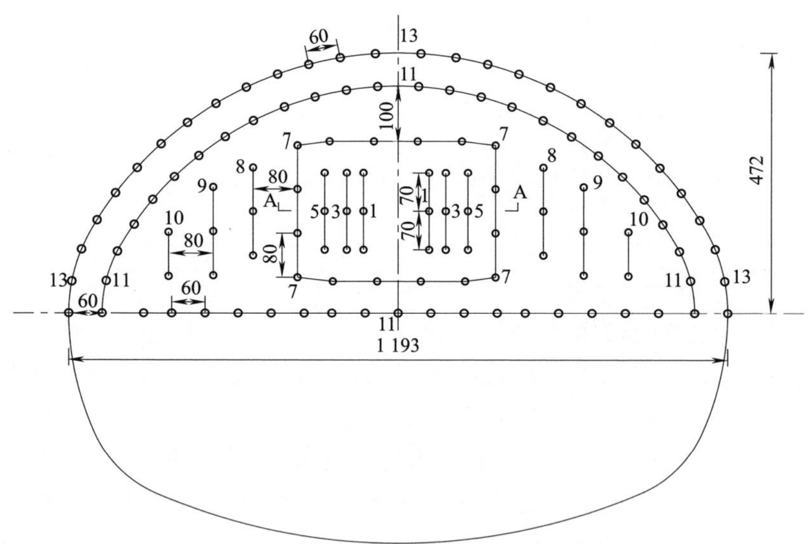

图 3.2－2 上台阶开挖爆破炮眼布置图(单位:cm)

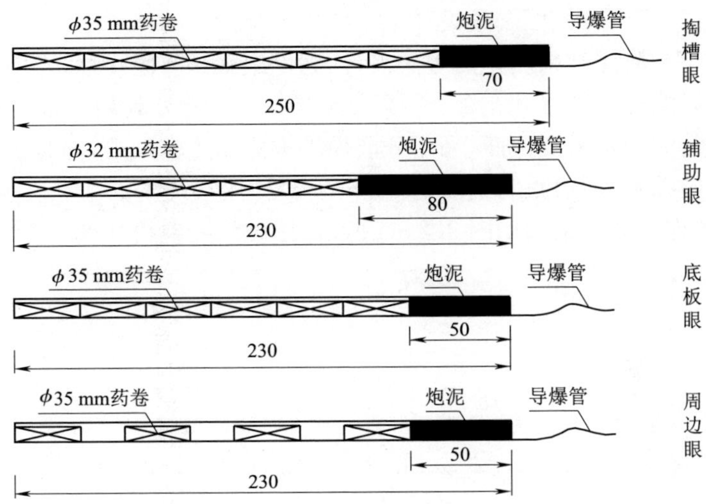

图 3.2－3　炮眼装药结构图(单位:cm)

表 3.2－2　上台阶开挖爆破参数

雷管段别	炮眼名称	炮眼数目	炮眼深度(m)	单孔装药量(kg)	单段药量(kg)	药卷直径(mm)
1	掏槽眼	6	1.2	0.6	3.6	35
3	掏槽眼	6	2.2	1.0	6.0	35
5	掏槽眼	6	2.5	1.1	6.6	35
7	掏槽眼	16	2.5	1.1	17.6	35
8	辅助眼	6	2.3	0.9	5.4	32
9	辅助眼	6	2.3	0.9	5.4	32
10	辅助眼	4	2.3	0.9	3.6	35
11	辅助眼	43	2.3	0.9	38.7	32
13	周边眼	28	2.3	0.7	19.6	35
合计		121	—	—	106.5	—
循环进尺:2 m,总钻孔量:275.5 m,开挖量:86.06 m^3,炸药单耗:1.24 kg/m^3						

(2)下台阶光面爆破设计

下台阶爆破采用光面爆破设计,辅助眼采用直眼掏槽,光面爆破周边眼略微向外张开布置,外插角为 2°～3°。充分利用上部开挖后形成的大型水平临空面,采用分层爆破方式布置辅助眼,同时采用光面爆破技术,周边眼间距取为 60 cm。具体爆破网络如图 3.2－4 所示,各炮眼装药结构如图 3.2－5 所示,爆破设计参数见表 3.2－3。

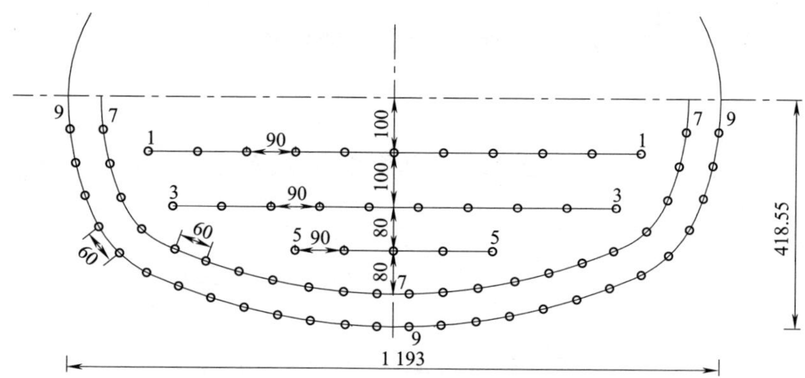

图 3.2－4　下台阶开挖爆破炮眼布置图(单位:cm)

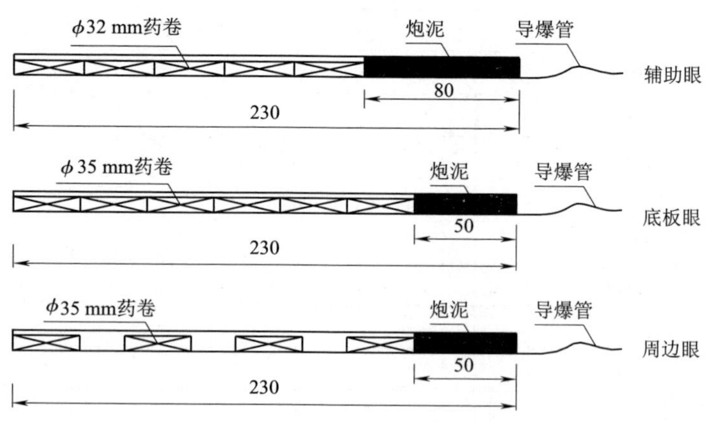

图 3.2－5　炮眼装药结构图(单位:cm)

表 3.2-3　下台阶开挖爆破参数

雷管段别	炮眼名称	炮眼数目	炮眼深度(m)	单孔装药量(kg)	单段药量(kg)	药卷直径(mm)
1	辅助眼	11	2.3	0.9	9.9	32
3	辅助眼	10	2.3	0.9	9.0	32
5	辅助眼	5	2.3	0.9	4.5	32
7	辅助眼	6	2.3	0.9	5.4	32
9	辅助眼	22	2.2	0.9	19.8	32
11	周边眼	26	2.3	0.7	18.2	35
合计		80	—	—	66.8	—
循环进尺:2 m,总钻孔量:184 m,开挖量:83.78 m^3,炸药单耗:0.76 kg/m^3						

根据岩层节理裂隙发育程度、岩性软硬情况,修正眼距,用药量,特别是周边眼;根据爆破后石渣的块度修正参数。石渣块度小,说明辅助眼布置偏密;块度大说明炮眼偏少,用药量过大。根据爆破振速监测,调整单段起爆炸药量及雷管段数;根据开挖面凹凸情况修正钻眼深度,眼底基本上落在同一断面上。

2. 施工工艺流程

爆破工艺流程如图 3.2-6 所示。

3. 施工工艺操作要点

爆破作业必须按照爆破设计进行测量、钻眼、装药、堵塞、接线和引爆。

(1)测量:每一循环都由测量技术人员在掌子面标出开挖轮廓和炮孔位置,并在洞内拱顶及两侧起拱线处安装三台激光指向仪。钻眼前绘出开挖断面中线、水平线和断面轮廓线控制拱顶、起拱线位置并根据爆破设计标示出炮孔位置,经检查符合设计要求后才可钻眼。

(2)钻孔:钻孔用 YT28 钻机,并按以下要求钻孔:a. 按照炮眼布置图正确对孔和钻进;b. 掏槽眼比其他眼深 20 cm,对孔误差不大于 3 cm,并保持平行;c. 掏槽眼眼口间距误差和眼底间距误差不大于

5 cm;d. 周边眼位置在设计断面轮廓线上,其环向误差不大于 5 cm,眼底不超出开挖面轮廓线 10 cm,孔深误差小于 10 cm;e. 开挖面凹凸较大时,按实际情况,调整炮眼深度,力求所有炮眼(除掏槽眼外)眼底在同一垂直面上;f. 钻眼完毕,按炮眼布置图进行检查,有不符合要求的炮眼重钻,经检查合格后,才能装药起爆。

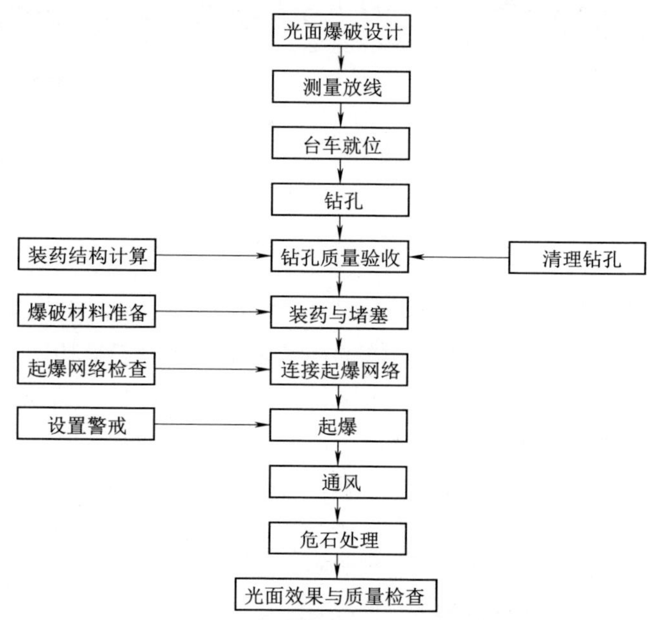

图 3.2-6　爆破施工工艺流程图

(3)装药:装药前先用高压风将孔中岩土碎屑吹净,并用炮棍检查孔内是否有堵塞物,装药分片分组,严格按爆破参数表及炮孔布置图规定的单孔装药量,雷管段别"对号入座"。爆破网路连接、检查及起爆,按照爆破设计要求执行。

(4)堵塞:光面爆破孔孔口堵塞长度不小于 20 cm,掏槽孔不装药部分全堵满,其余掘进孔堵塞长度大于抵抗线的 80%。炮泥使用 2/3 砂和 1/3 黄土制作并使用水炮泥。装药和堵塞工作按有关安全规程执行,以确保安全。

(5)结起爆网路:采用塑料导爆管传爆雷管复式网路。连线时导爆管不打结不拉细;联结的每簇雷管个数基本相同且不超过 20 个。传爆雷管用黑胶布缠好。网路联好后由专人检查验收,无误后方可起爆。

3.2.2　循环进尺优化

1. 施工工艺设计

开挖工序分述如下:

(1)进行上台阶开挖,开挖进尺 2 m,如图 3.2-7 所示。

(2)进行下台阶开挖,开挖进尺 2 m 且滞后上台阶 1～1.5 倍洞跨,如图 3.2-8 所示。

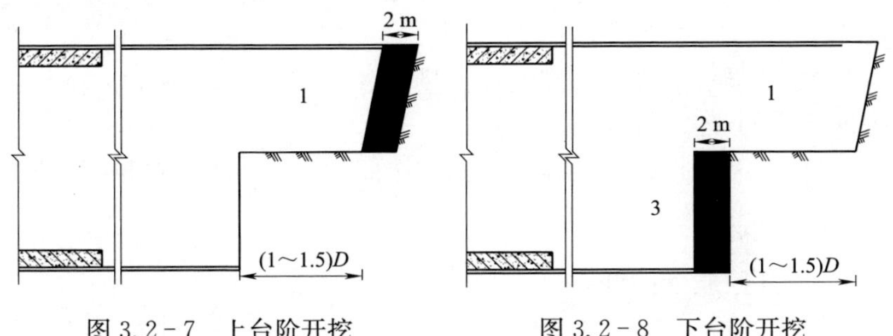

图 3.2-7　上台阶开挖　　图 3.2-8　下台阶开挖

为控制隧道变形、维持其稳定,需要在每一台阶开挖后及时进行挂钢筋网、喷射混凝土等初期支护措施,保证支护快速封闭成环。在需要打设系统锚杆部位进行相应的施工操作。

2. 施工工艺流程

隧道具体的开挖过程如图 3.2-9 所示。

3. 施工工艺操作要点

(1)在隧道开挖的过程中,加强对该隧道的监控,依据实际监测信息随时调整,保证上下两条隧道的稳定。

(2)初期支护必须紧随隧道开挖而进行,保证支护结构快速封闭成环,增大支护强度,以控制隧道围岩变形。

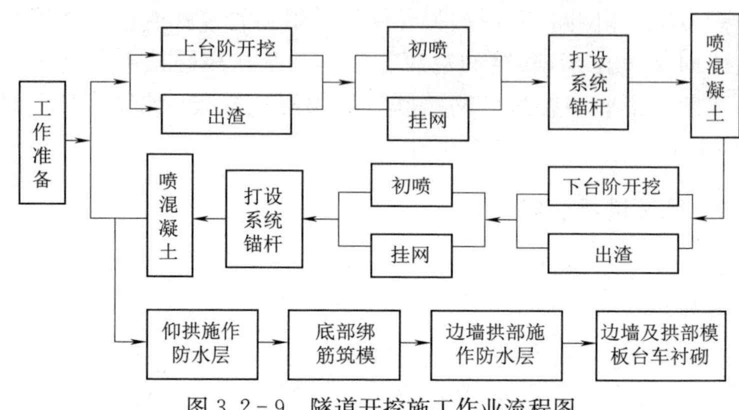

图 3.2-9　隧道开挖施工作业流程图

(3)隧道下台阶开挖滞后上台阶 1～1.5 倍洞跨,不宜相距太近或太远。

(4)加强隧道开挖各部的监控量测,一旦出现过大变形必须及时采取相应的应急保护措施。

(5)在需要打设系统锚杆的部位按照相应的要求严格执行,进一步加强支护强度。

3.2.3　开挖质量控制

施工阶段采取以下措施保证施工质量:

(1)及时调整在开挖区段内不同地质条件下的各项爆破参数,以提高爆破效果,保证开挖质量;调整爆破有关参数,不断优化爆破设计,改进施工方法和安全措施;通过试验不断收集、整理试验所得的各项数据资料,以最优的爆破参数指导后续爆破设计,提高爆破开挖的施工进度、经济指标和安全指数。通过控制爆破参数与地质情况相协调的手段,控制超欠挖。超挖和欠挖不应超过隧道开挖轮廓的±20 cm。

(2)按"新奥法"理论进行隧洞施工,观测和掌握围岩的变形发展情况,选择合理的支护时机和判断支护的实际效果,充分利用岩石自身的承载能力。

(3)使用质量优良的测量设备，确保各施工控制点布控准确无误。钻孔孔位应依据测量定出的中线、腰线及开挖轮廓线确定；周边孔在断面轮廓线上开孔，沿轮廓线的调整范围和掏槽孔的孔位偏差不大于5 cm，其他炮孔孔位的偏差不大于10 cm；炮孔的孔底落在爆破图规定的平面上。

(4)优化技术措施，提高作业人员的技能：严格按爆破设计进行钻孔、装药；孔深、孔斜控制在允许范围之内，炮孔经检查合格后，方可装药爆破。炮孔的装药、堵塞和引爆线路的联结，由经考核合格的炮工负责，并严格按爆破图的规定进行。

(5)在开挖过程中，注意保护地下混凝土和支护结构不受损坏。在已完成的支护结构附近进行爆破时，其爆破技术和爆破参数应进行专门的设计和试验，并经监理工程师批准。

3.3　初期支护

3.3.1　挂　　网

1. 施工工艺流程

钢筋网施工工艺流程如图3.3-1所示。

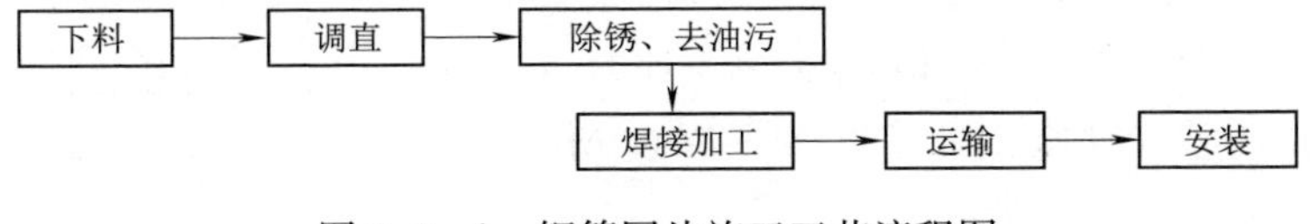

图3.3-1　钢筋网片施工工艺流程图

2. 施工操作要点

(1)钢筋网采用HPB300的ϕ8 mm钢筋焊接成200 mm×200 mm网格，挂网使用的钢筋须经试验检测合格，使用前进行除锈，在洞外钢筋加工厂区制作成钢筋网片，保证环向和纵向钢筋间距均匀，位置准确。

(2)人工铺设钢筋网，安装时搭接长度1～2个网格，贴近岩面铺设并与锚杆和钢架焊接牢固。按照设计图纸要求，钢筋网焊接在钢架靠近岩面一侧或内外双层布置，以确保整体结构受力。

(3)钢筋网要与锚杆、钢架或其他固定件连接牢固，保证喷射混凝土时不晃动。喷混凝土时，减小喷头至受喷面距离和控制风压，以减少钢筋网振动，降低回弹，钢筋网片要有 3～5 cm 的保护层。

3.3.2 施作系统锚杆

1. 施工工艺流程

系统锚杆采用 ϕ25 mm 药卷锚杆，锚杆长 L=2.5 m，在先行洞隧道拱部 165°范围内和后行洞隧道全环按照 1.2 m×1.2 m 间距呈梅花形布设。药卷锚杆朝向孔底的一端应削尖，在距锚杆底部 10.0 m 处设止浆环，每 3 m 设对中环一个，对中环采用 ϕ6.5 mm 圆钢与锚杆杆体焊接。外露端长度 50 cm，端头用砂轮切割机切平(套丝长度50 cm)，以便于安装与精扎螺纹钢筋配套的螺母。在锚杆杆体自由段安装进浆管(内径 ϕ15 mm PVC 管)和回浆管(内径 ϕ8 mm 硬质塑料管)，回浆管应牢固绑扎在杆体上，管口端部距止浆环 15 cm 处。药卷锚杆施工工艺如图 3.3－2 所示。

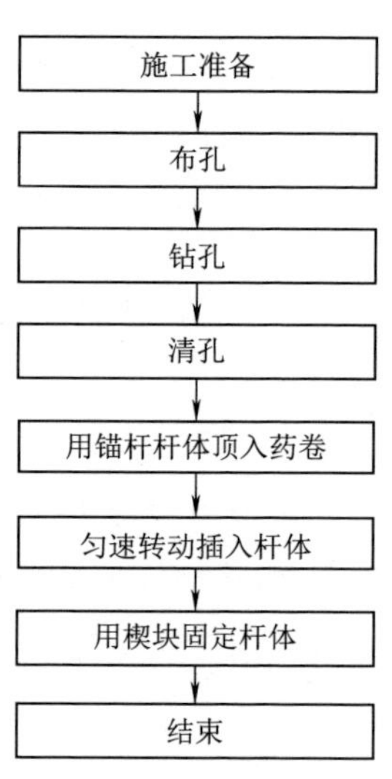

图 3.3－2　药卷锚杆施工工艺图

2. 施工操作要点

(1)检查锚杆类型、规格、质量及其性能是否与设计相符。根据锚杆类型、规格及围岩情况准备钻孔机具。

(2)砂浆锚杆钻孔采用手风钻或凿岩台车钻孔，孔眼间距、深度和布置符合设计参数的要求，其方向垂直于岩层层面。钻孔完成后，用高压风水洗孔。

(3)安装前，先将“药卷”在水中浸泡，浸泡时间按说明书确定，不能浸泡过久，保证在初凝前使用完毕。安装时，用锚杆的杆体将药卷匀速地顶入锚杆安装孔，边顶边转动杆体，使药卷在杆体周围均匀密实，但不可过搅。安装好后，用楔块将锚杆固定好。

3.3.3　喷射混凝土

1. 施工工艺流程

喷混凝土采用湿喷工艺，喷射混凝土施工程序如图3.3-3所示。

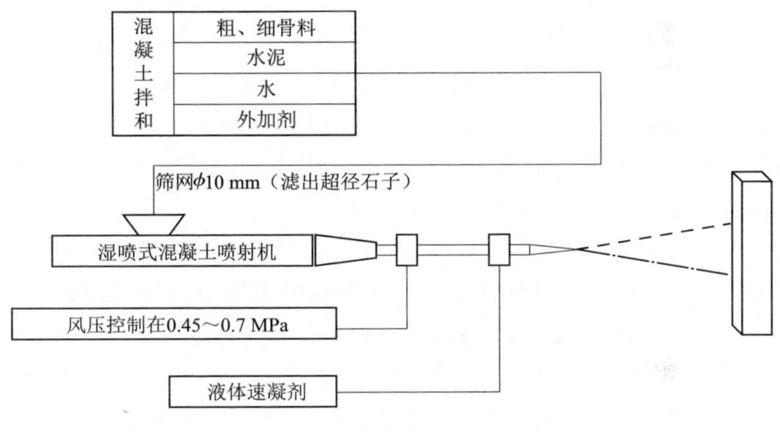

图3.3-3　湿喷混凝土施工流程图

2. 施工操作要点

(1)施工前应认真检查风压系统是否稳定，电源供应是否有保障，施工人员是否到位，并在湿喷前先空载运转以检查管路是否畅通及进料口振动筛是否安设妥当；并应测量受喷围岩的基本进本尺寸，保证隧洞外轮廓光顺程度，对欠挖部位应补凿，清除浮石，将受喷面上的污泥、灰尘等清除干净；若存在漏水段，应先查明并做好防水措施，个别比较干燥的部位喷射前应在工作面上喷洒适量水以保持一定湿度来提高开挖面与混凝土的黏结力。

(2)供风：

供风是将空压机压缩的空气先在贮气罐储存，经过风管后进入混凝土喷射机，喷射机内的混凝土在压缩空气的推动下被连续的运输到喷头部位后再以较高的速度喷射到受喷面上，喷射过程中骨料与水泥受到反复的冲击和压实而形成密致的混凝土；在送风前应开启计量泵，以免高压混凝土混合物将喷孔堵塞，在送风过程中应不时调整喷射风压，将其控制在 0.45～0.7 MPa 范围内，避免由风压过大粗骨料碰到围岩后回弹或风压过小粗骨料不能冲进砂浆层即脱落现象，其最佳风压是混凝土回弹量小、表面湿润光泽、易粘附等。

(3)喷射混凝土：

为保证喷射混凝土的厚度和质量，喷射混凝土分二次完成，即初喷和复喷。初喷与复喷采用 C25 混凝土。初喷在刷帮、找顶后进行，喷射混凝土厚度 4～5 cm，及早快速封闭围岩，开挖后由人工在渣堆上喷护。复喷是在初喷混凝土层加固后的围岩保护下，完成立拱架、挂网、锚杆工序等作业后进行的。

喷射混凝土分段、分片、分层进行，由下向上，从无水、少水向有水、多水地段集中。施喷时喷头与受喷面基本垂直，距离保持 1.5～2.0 m，并根据喷射效果适时调整。设钢架时，钢架与岩面之间的间隙用喷射混凝土充填密实，喷射顺序先下后上对称进行，先喷钢架与围岩之间空隙，后喷钢架之间，钢架应被喷射混凝土覆盖，保护层不得小于 4 cm 或符合设计要求。喷前先找平受喷面的凹处，再将喷头呈螺旋形缓慢均匀移动，每圈压前面半圈，绕圈直径约 30 cm，力求喷出的混凝土层面平顺光滑。一次喷射厚度控制在 5～8 cm 以下，每段长度不超过 6 m，喷射回弹物不得重新用作喷射混凝土材料。新喷射的混凝土按规定洒水养护。

3.3.4 初期支护质量控制

1. 挂网

(1)挂网使用的钢筋须经试验检测合格，使用前进行除锈，在洞外钢筋加工厂区制作成钢筋网片，保证环向和纵向钢筋间距均匀，位置准确。

(2)人工铺设钢筋网,安装时搭接长度 1～2 个网格,贴近岩面铺设并与锚杆和钢架焊接牢固。钢筋网要与锚杆、钢架或其他固定件连接牢固,保证喷射混凝土时不晃动。

(3)喷混凝土时,减小喷头至受喷面距离和控制风压,以减少钢筋网振动,降低回弹,钢筋网片要有 3～5 cm 的保护层。

2. 施作锚杆

(1)对锚杆精轧螺纹钢、锚固剂药卷、水泥等重要材料,要求相关资料齐全,并进行进场抽检,以确保材质优良。张拉前首先对扭力扳手进行率定,率定合格后再用于张拉施工。施工过程中扭力扳手极易损坏,要求每周率定一次,确保张拉精度。

(2)造孔是质量控制的要害环节之一,孔位必须经测量放样,并用红油漆标识。液压凿岩台车要选用经验丰富,责任心强的操作手,开钻前要认真调整好钻臂方向,确保孔向垂直岩面在开钻,钻杆匀速钻进,并不断加水冲洗岩粉。钻孔准确度高,不但确保了锚固效果,且确保插杆及承压垫板安装及张拉施工。

(3)内锚段灌浆是否密实,是确保张拉成功的要害环节,首先要确保锚固剂药卷浸泡充分,要求浸泡时间控制在 2.5 min 左右。

(4)张拉是药卷锚杆施工最重要的环节,张拉严格按技术要求进行分级张拉,全过程严格监控,并做好翔实细致的原始记录。

3. 喷射混凝土

(1)施工前应对欠挖部位应补凿,清除浮石,将受喷面上的污泥、灰尘等清除干净;若存在漏水段,应先查明并做好防水措施,个别比较干燥的部位喷射前应在工作面上喷洒适量水以保持一定湿度来提高开挖面与混凝土的黏结力。

(2)供风时,在送风前应开启计量泵,以免高压混凝土混合物将喷孔堵塞,在送风过程中应不时调整喷射风压,避免由风压过大粗骨料碰到围岩后回弹或风压过小粗骨料不能冲进砂浆层即脱落现象。

(3)喷射混凝土施工时,初喷在刷帮、找顶后进行,喷射混凝土厚度 4～5 cm,及早快速封闭围岩,开挖后由人工在渣堆上喷护。复喷是在初喷混凝土层加固后的围岩保护下，完成立拱架、挂网、锚杆工序等作业后进行的。

(4)施喷时喷头与受喷面基本垂直，距离保持 1.5～2.0 m，并根据喷射效果适时调整。设钢架时，钢架与岩面之间的间隙用喷射混凝土充填密实，喷射顺序先下后上对称进行，先喷钢架与围岩之间空隙，后喷钢架之间，钢架应被喷射混凝土覆盖，保护层不得小于 4 cm 或符合设计要求。喷前先找平受喷面的凹处，再将喷头呈螺旋形缓慢均匀移动，每圈压前面半圈，绕圈直径约 30 cm，力求喷出的混凝土层面平顺光滑。一次喷射厚度控制在 5～8 cm 以下，每段长度不超过 6 m，喷射回弹物不得重新用作喷射混凝土材料。新喷射的混凝土按规定洒水养护。

3.4 施工数值模拟

3.4.1 计算工况

针对该大断面浅埋隧道，提出了具体的优化工法，对其进行数值计算。隧道断面形式为超扁平隧道，为 D-2 型衬砌形式。开挖跨度达 11.93 m，开挖高度达 8.914 m，毛洞开挖面积达 102.23 m^2，最大埋深 11.6 m，属超浅埋隧道。为了保证隧道的工期，采用台阶法开挖，掘进循环进尺 1.2 m。具体的开挖工况如图 3.4－1 所示。

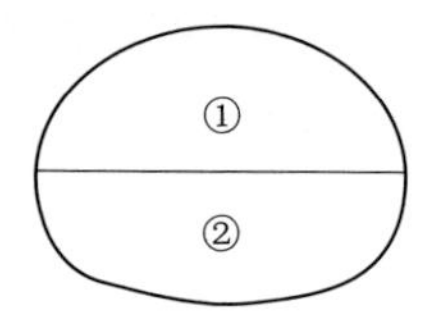

图 3.4－1 台阶法开挖示意图

3.4.2 材料的参数选取

岩土体物理力学材料根据深云车辆出入线地质钻孔勘察报告中的参数取值，具体取值见表 3.4，混凝土材料、钢材参数按照相关规范及经验取值，钢材的计算参数参照等效刚度原则换算成混凝土。

表 3.4　各地层主要物理参数

材　料	厚度(m)	泊松比	黏聚力(kPa)	弹性模量(GPa)	内摩擦角(°)	密度(kg/m³)
杂填土	2.1	0.32	30	0.05	18	1 950
粉质黏土	5.8	0.29	87	0.12	22	2 300
全风化花岗岩	21.4	0.27	85	0.15	30	2 760
初期支护	0.3	0.2	—	22.3	—	2 210
二次衬砌	0.35	0.2	—	32.3	—	2 500

3.4.3　双线单洞隧道断面数值计算结果

本施工运用 FLAC3D 数值模拟软件建立三维地质模型，采用台阶法开挖工况，根据 D-2 型断面形式的尺寸，考虑隧道开挖的影响范围，其模型尺寸如题所示，岩体模拟成实体单元，二衬及初支都是衬砌单元，计算模型如图 3.4－2、图 3.4－3 所示。

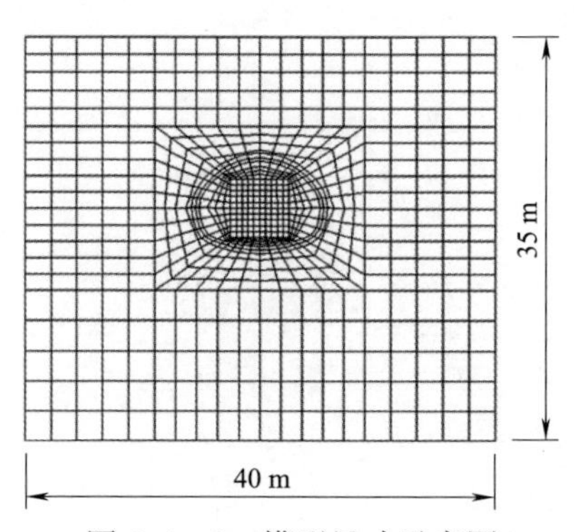

图 3.4－2　模型尺寸示意图

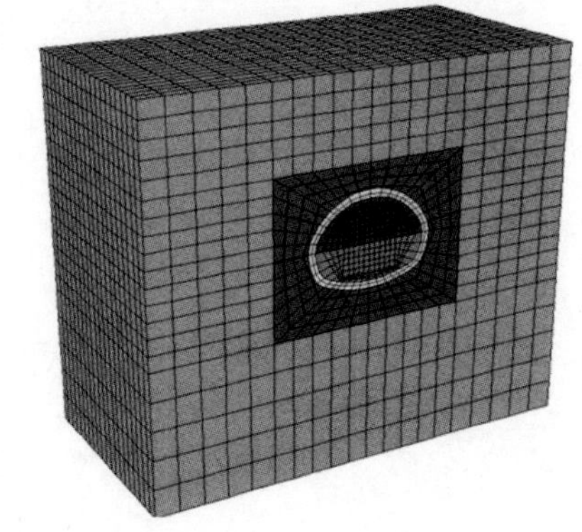

图 3.4－3　计算模型

(1)特大断面浅埋隧道台阶法模拟施工步骤。

①建立模型，在自重场下计算平衡；

②开挖隧道上台阶，释放应力 30%，计算平衡；

③施作上台阶初支，释放应力 40%，计算平衡；

④开挖隧道下台阶，释放应力 30%，计算平衡；

⑤施作下台阶初支，释放应力 40%，计算平衡；

⑥同步连续错开开挖上下台阶，并施作初期支护；

⑦施作隧道二次衬砌，应力完全释放，计算平衡。

(2)台阶法模拟计算结果。

D-2 型断面形式隧道采用台阶法施工全过程模拟，从围岩和初支受力等分析结果发现，各部的开挖引起的内力及地层变形均在规范允许的范围内，具体开挖模拟结果分析如下。

如图 3.4－4 所示，初始地应力的不平衡力很快就达到计算所要求的范围内，说明了模型建立符合实际地质信息，边界条件满足计算要求；再从初始地应力竖向应力云图(图 3.4－5)可知，地层的应力基本上是按照水平分层分布，说明了模型网格划分比较均匀，并没有出现突变与畸形单元，这为后续的隧道开挖支护计算提供了先决条件。

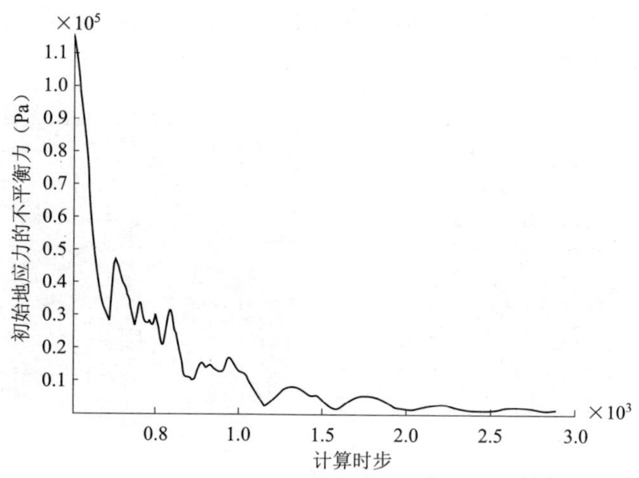

图 3.4－4　初始地应力的不平衡力变化曲线图

如图 3.4－6～图 3.4－8 所示，上台阶开挖后，采取的隧道预加固措施起到了良好的效果，由竖向位移云图可知，上台阶开挖后，经过应力释放及围岩应力重分布，施作初期支护抑制围岩变形，使得围岩的竖向位移仅为 24.31 mm，满足地铁隧道施工的围岩变形控制要求。再由上台阶开挖后的塑性区分布云图可知，上台阶的开挖，对浅埋隧道的地表有着较大的影响,隧道上方及其周边围岩都发生了剪切屈服或拉伸屈服塑性区,特别是隧道拱顶正上方的地表出现了剪切屈服破坏,这与现场的实际监测数据反映的变形一致。从上台阶剪应变增量云图可知,施作的初期支护承受了较大的剪应力,这与工法优化中加强初期支护的方案吻合。

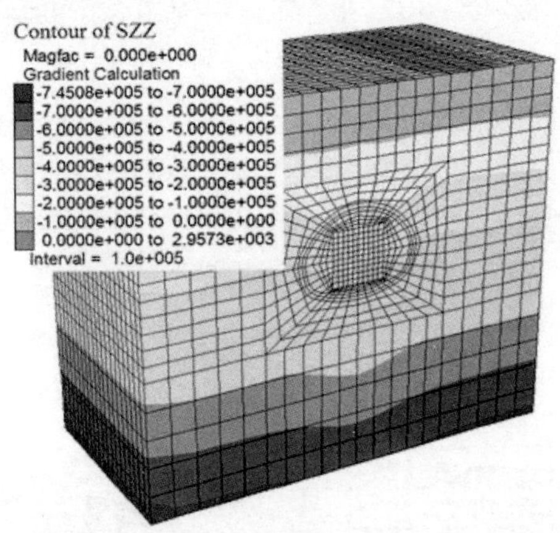

图 3.4-5　初始地应力竖向应力云图

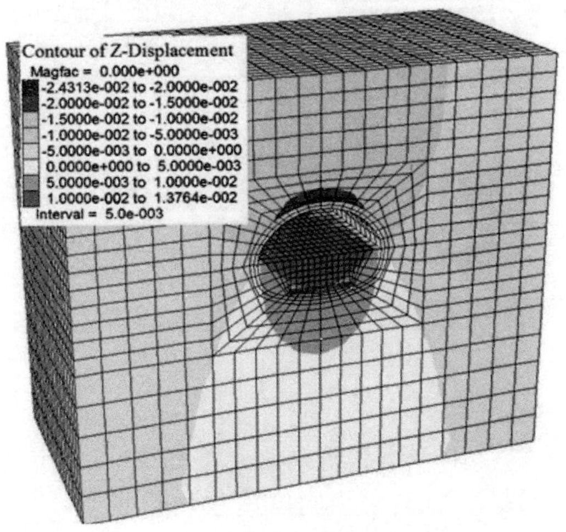

图 3.4-6　上台阶开挖后竖向位移

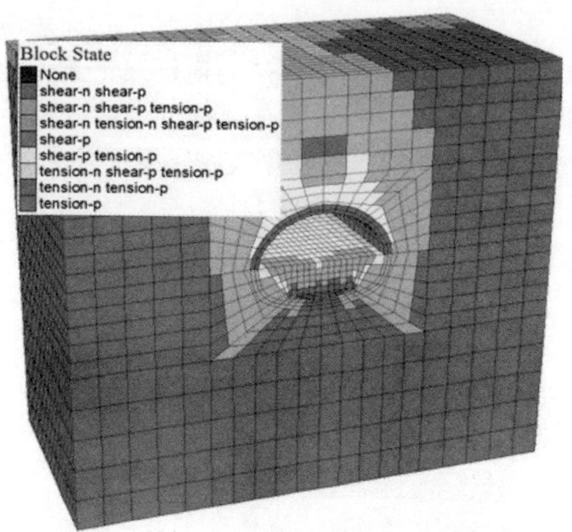

图 3.4-7 上台阶开挖后塑性区分布

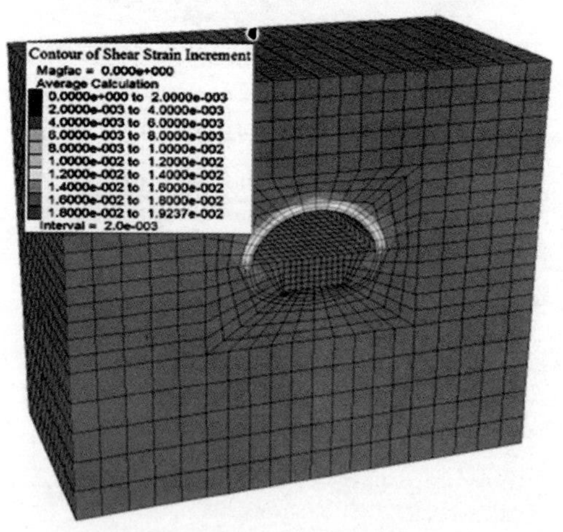

图 3.4-8 上台阶剪应变增量云图

如图 3.4-9 所示，当下台阶开始开挖时，隧道的围岩变形均随着下台阶的开挖不断增大，其中竖向位移在开挖中达到了28.10 mm，但仍处于可控范围之内。由图 3.4-10 和图 3.4-11 可知，下台阶开挖对围岩进行了二次扰动，加大了围岩塑性区的范围，特别是地表的变形；初期支护近承担了全部的剪应力，最大的剪应力发生在隧道拱顶及拱脚两侧，表明了隧道围岩变形的控制重点区域。

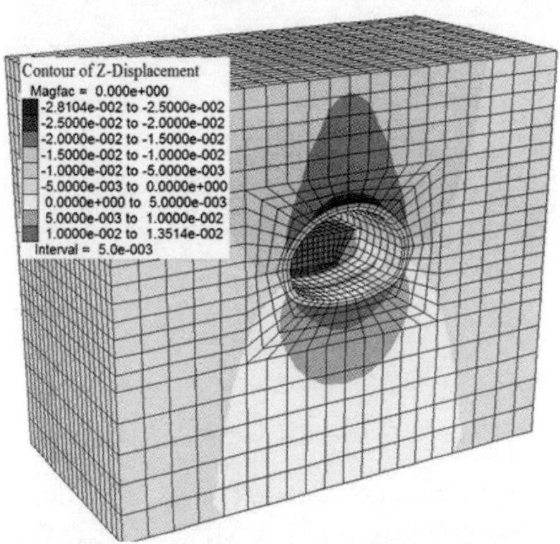

图 3.4－9　下台阶开挖后竖向位移云图

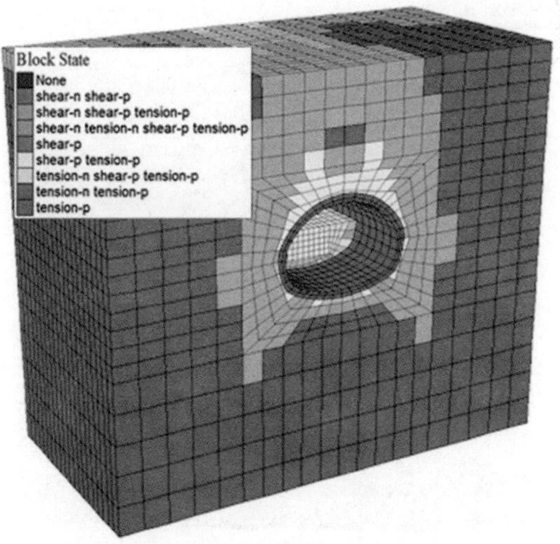

图 3.4－10　下台阶开挖后塑性区分布

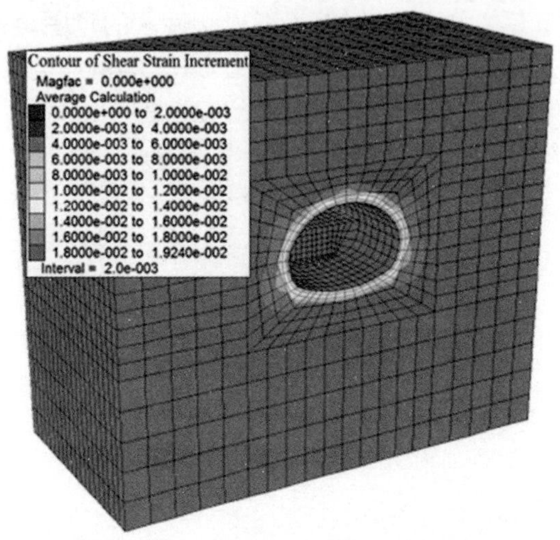

图 3.4－11　下台阶开挖后剪应力增量云图

根据图 3.4－12 可知，当隧道上下台阶开挖完成后，隧道的最大主应力发生在隧道的拱顶处，为 1.4 MPa。与浅埋隧道超前预加固的措施保持了一致的结论，说明优化后的开挖方法及加固处理措施满足该区域的施工要求。

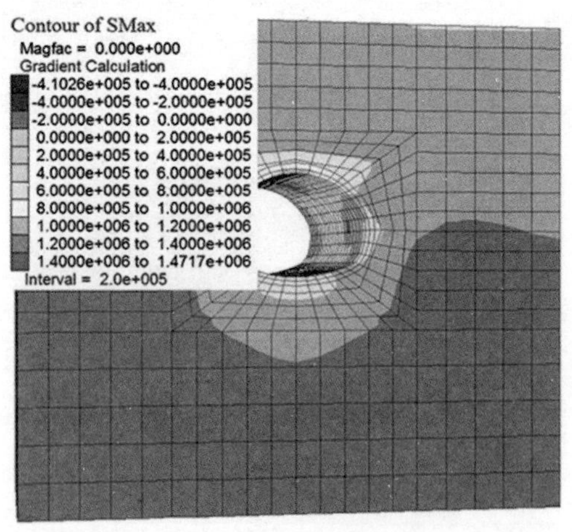

图 3.4－12　上下开挖完成后最大主应力云图

3.5　监控量测与地表沉降分析

3.5.1　监测方案

1. 监测要求

地铁施工监测项目有：地表沉降、地下水位、土体位移、横通道拱顶沉降、横通道净空收敛、建筑物、裂缝监测等。根据相关规范和设计要求及现场实际情况相结合，进行监测。具体控制值和监测频率见表 3.5－1。

表 3.5－1　监测频率

监测项目	监控量测控制值	量测频率	备注
地表	30 mm	围护结构施工及基坑开挖期间每天 1～2 次、主体结构施工期间每周 1～2 次	
地表建筑物	沉降 30 mm 倾斜 0.2%H		
地下管线及结构物沉降	沉降 30 mm 接头倾斜 0.02 mm		
围护墙(桩)顶沉降	30 mm		
围护墙(桩)顶水平位移	30 mm		
围护墙(桩)体水平位移	30 mm		
地下水位	1 m		
支撑轴力	100%设计值		

在监测过程中根据以下的实际情况适当改变观测频率，具体情况见表 3.5－2。

表 3.5－2　监测调整频率

监测项目	变化速率	调整后频率
地表、道路变化	变化速率≥4 mm/d	2 次/d
	4 mm/d≥变化速率≥1 mm/d	1 次/d
管线变化	变化速率≥2 mm/d	2 次/d
	2 mm/d≥变化速率≥1 mm/d	1 次/d
建(构)筑物变化	变化速率≥2 mm/d	2 次/d
	2 mm/d≥变化速率≥0.2 mm/d	1 次/d

注：在发生上述情况时，监测持续进行，直到变化速率减小，变形稳定时为止。

2. 监测目的

实施监控量测的目的具体包括：

(1)通过监控量测了解各施工阶段地层与支护结构的动态变化，把握施工过程中结构所处的安全状态。

(2)通过对监测数据的处理、分析，采取工程措施来控制地表下沉，确保地面交通顺畅和地面建筑物的正常使用。

(3)用现场实测的结果弥补理论分析过程中存在的不足，并把监测结果反馈设计、指导施工。

(4)通过监控量测对工程施工可能产生的环境影响进行全面的监控。

(5)通过监控量测进行隧道日常的施工管理。

(6)通过监控量测了解该工程条件下所表现、反映出来的一些地下工程规律和特点，为今后类似工程或该工法本身的发展提供借鉴、依据和指导作用。

3. 监测实施方案

(1)水准基点的埋设

地面沉降监测根据监测对象周围的水准基点高程进行，水准基点从现场施工控制网基点引入。如果现场附近没有水准基点，则根据现场条件和监测时间要求埋设专用水准基点。水准基点数量不少于 4 个，分别布设在工点两侧，并定期进行校核，防止其自身发生变化，以保证沉降监测结果的正确性。水准基点在沉降监测的初次量测前不少于 15 d 埋设。

水准基点的埋设按以下要求进行：

①布置在监测工点的沉降范围以外，用 ϕ10 mm 钢筋打入地下不少于 0.3 m，上部用 C25 混凝土包固，确保其稳固性；

②水准基点与量测点通视良好，其距离小于 100 m，以保证监测的精度；

③水准基点的埋设避开松软、低洼积水处，以防水准基点的变位。

(2)地面沉降监测方法及技术要求

地面沉降监测采用 TrimbleDINi 高精密电子水准仪，保证监测精度。视线长度不大于 50 m，闭合差小于±0.5 mm，测量数据保留至 0.1 mm，同时沉降监测满足下列要求：

①观测前对所用水准仪、水准尺按规定进行校验，并做好记录，在使用过程中不能随意变换；

②首次进行观测增加测回数，且至少 3 次，取其稳定值作为初始值；

③固定观测人员、观测线路和观测方式；

④定期进行水准点校核、测点检查和仪器校验，确保量测数据的准确性和连续性。

3.5.2　地表沉降分析

(1)最大沉降量横向曲线形状分析

取一个断面上的十一个监测点进行分析，所取对象为该区间埋深最小一个断面，所选断面为 NO＋017 断面：该断面各点总体沉降累计值比较稳定，沉降累计值都集中在 20 mm 左右，其中沉降最大的点主要是在以隧道中心的监测点 NO＋017＋DB－O。该断面各点累计监测最大沉降值见表 3.5－3。

表 3.5－3　NO＋017 断面地表各点监测累计最大沉降值(mm)

点号 NO＋017	7(DB Z5)	(DB Z4)	(DB Z3)	(DB Z2)	(DB Z1)	(D B-O)	(DB Y1)	(DB Y2)	(DB Y3)	(DB Y4)	(DB Y5)
沉降值	17.36	20.86	20.52	25.12	37.59	41.69	30.85	28.88	26.32	22.50	15.38

根据监测所得的数据，绘出 NO＋017 断面地表各点监测最大沉降量横向曲线分布图，如图 3.5－1 所示。

从图 3.5－1 可以发现，NO＋017 断面地表各点监测最大沉降量横向曲线有如下规律：

①横断面上最大沉降量出现在点号为 NO＋017＋DB－O 的点附近，即地铁隧道的中心正上方附近，且沉降量隧道中线两边逐渐减小，形成一条沉降槽曲线；

②沉降槽曲线大致呈正态分布曲线即高斯线；

③沉降影响范围约为隧道中线两侧各 30 m；

④隧道中线两侧所对应的对称点沉降量有所差别，因地形等原因左侧沉降量总体上变化较大，右侧则相对较缓。

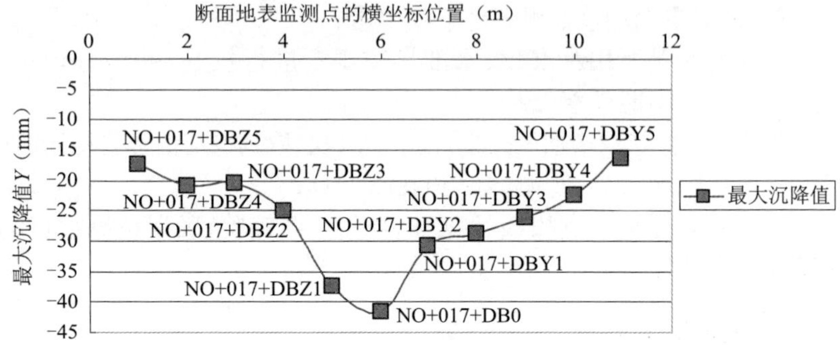

图 3.5－1　NO＋017 断面地表各点监测最大沉降量横向曲线分布图

(2)沉降量随时间变化曲线分析

部分监测数据见表 3.5－4。

表 3.5－4　部分地表沉降数据

测点编号		初始值(mm)	3月31日观测值(mm)	4月30日观测值(mm)	3月31日～4月30日沉降值(mm)	3月31日～4月30日沉降值(mm)	累计沉降值(mm)	最大允许沉降值(mm)	初始观测时间
NO＋017	DBZ1	1 764.87	1 733.17	1 729.15	－4.02	－0.13	－35.72	－30	10-27
	DBZ2	1 781.09	1 756.79	1 756.6	－0.19	－0.01	－24.49	－30	11-24
	DBZ3	1 820.98	1 802.04	1 800.94	－1.10	－0.04	－20.04	－30	11-24
	DBZ4	1 882.98	1 867.61	1 863.39	－4.22	－0.14	－19.59	－30	11-24
	DBZ5	1 913.53	1 897.57	1 898.11	0.54	0.02	－15.42	－30	11-24
	DB0 (D-6)	1 762.97	1 723.93	1 723.93	0.00	0.00	－39.04	－30	8-20
	DBY1	1 685.19	1 655.96	1 656.63	0.67	0.02	－28.56	－30	10-27
	DBY2	1 586.8	1 559.48	1 557.92	－1.56	－0.05	－28.88	－30	11-24
	DBY3	1 551.48	1 527.16	1 527.6	0.44	0.01	－23.88	－30	11-24
	DBY4	1 503.63	1 484.07	1 482.13	－1.94	－0.06	－21.5	－30	11-24
	DBY5	1 426.64	1 412.75	1 412.39	－0.36	－0.01	－14.25	－30	11-24

续上表

测点编号		初始值（mm）	3月31日观测值（mm）	4月30日观测值（mm）	3月31日～4月30日沉降值（mm）	3月31日～4月30日沉降值（mm）	累计沉降值（mm）	最大允许沉降值（mm）	初始观测时间
NO+029	DBZ1	1 612.7	1 578.36	1 579.45	1.09	0.36	−33.25	−30	10-27
	DBZ2	1 599.58	1 574.05	1 571.66	−2.39	−0.80	−27.92	−30	11-24
	DBZ3	1 639.32	1 619.79	1 616.27	−3.52	−1.17	−23.05	−30	11-24
	DBZ4	1 688.15	1 670.36	1 665.85	−4.51	−1.50	−22.3	−30	11-24
	DBZ5	1 724.45	1 707.87	1 711.38	3.51	1.17	−13.07	−30	11-24
	DB0 (D-7)	1 610.55	1 558.92	1 559.32	0.40	0.13	−51.23	−30	8-20
	DBY1	1 518.91	1 473.72	1 471.84	−1.88	−0.63	−47.07	−30	10-27
	DBY2	1 443.7	1 400.74	1 401.58	0.84	0.28	−42.12	−30	11-24
	DBY3	1 352.65	1 318.2	1 316.78	−1.42	−0.47	−35.87	−30	11-24
	DBY4	1 313.65	1 280.17	1 279.77	−0.40	−0.13	−33.88	−30	11-24
	DBY5	1 276.23	1 252.27	1 252.54	0.27	0.09	−23.69	−30	11-24

取NO＋017断面作为分析对象，将断面上的11个监测点所得到的累计沉降量随时间变化曲线绘出，再任取一到两个监测点，分析其沉降量随时间变化曲线，如图3.5－2～图3.5－4所示。

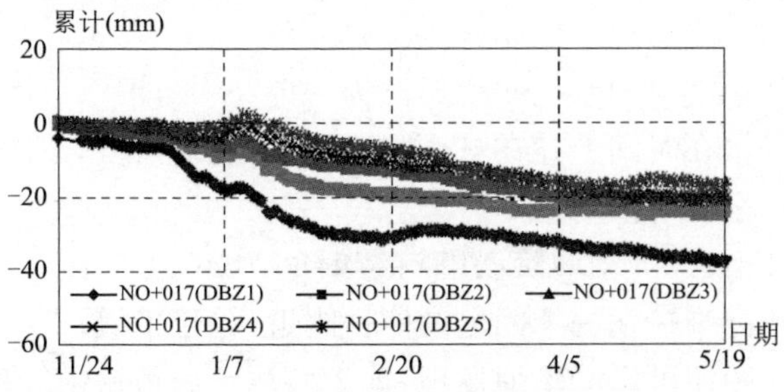

图3.5－2　隧道中线左侧监测点累计沉降量随时间变化曲线图

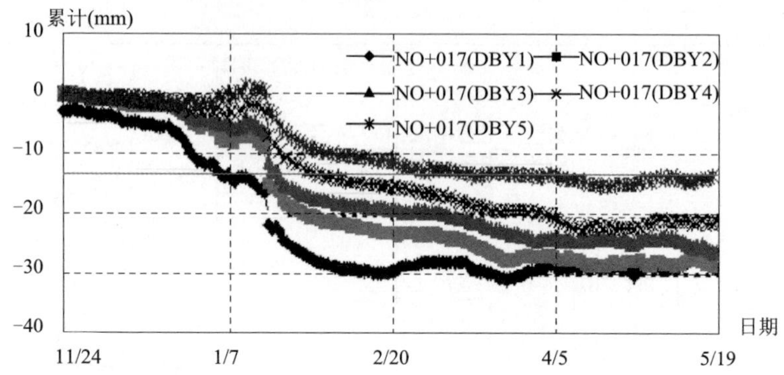

图 3.5-3 隧道中线右侧监测点累计沉降量随时间变化曲线图

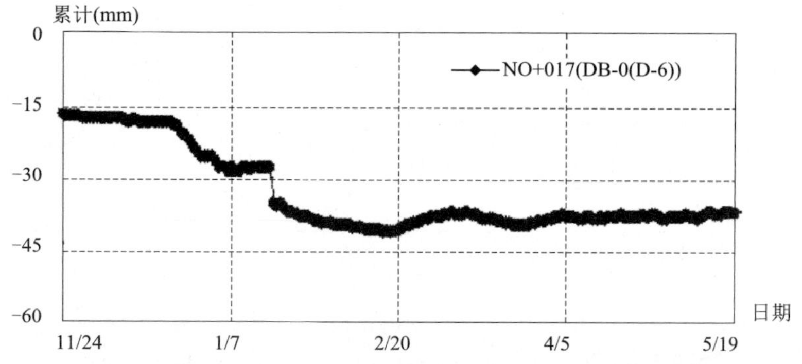

图 3.5-4 隧道中心监测点累计沉降量随时间变化曲线图

从图 3.5-2～图 3.5-4 可以发现 NO+017 断面监测点沉降量随时间变化曲线有以下规律：

①沉降量随时间变化曲线近似为一条“S”形曲线；

②沉降量在时间上存在三个阶段：沉降发展阶段，沉降剧增阶段及沉降趋于平稳阶段；

③总体上，沉降剧增阶段的持续时间为 40 d 左右，之后各点的沉降量大致都维持在一个固定的值得附近，趋于平缓；

④由上图还可以清楚地发现，地表监测点离地铁中线越近，其沉降量就越大，向两边逐渐减小。

(3)回归分析及预测

监测断面 NO+017 监测点 DBZ5 的地表沉降部分量测数据见表 3.5-5。

表 3.5-5 监测点 DBZ5 的地表沉降

时间(d)	0	1	2	3	4	5	6	7	8	9	10
实测地表沉降(mm)	0	0.61	0.72	0.91	2.13	4.24	6.01	6.13	6.12	6.24	6.41

根据表中的数据，运用对数 $y=a+b\ln x$ 对其进行回归分析，计算流程见表 3.5-6。

表 3.5-6 回归分析计算表

编号	x_i	y_i	$x_i'=\ln x_i$	$y_i'=y_i$	$x_i'^2$	$x_i'y_i'$	$y_i'^2$
1	1.00	0.61	0.00	0.61	0.00	0.00	0.37
2	2.00	0.72	0.69	0.72	0.48	0.50	0.52
3	3.00	0.91	1.10	0.91	1.21	1.00	0.83
4	4.00	2.13	1.39	2.13	1.92	2.95	4.54
5	5.00	4.24	1.61	4.24	2.59	6.82	17.98
6	6.00	6.01	1.79	6.01	3.21	10.77	36.12
7	7.00	6.13	1.95	6.13	3.79	11.93	37.58
8	8.00	6.12	2.08	6.12	4.32	12.73	37.45
9	9.00	6.24	2.20	6.24	4.83	13.71	38.94
10	10.00	6.41	2.30	6.41	5.30	14.76	41.09
Σ	55.00	38.91	15.10	38.91	27.65	75.17	215.41

计算过程：

表 3.5-6 中共 10 组数据，故令 $n=10$

$$L_{x'x'}=\sum x_i'^2-\frac{1}{n}(\sum x_i')^2=4.84 \tag{3.5-1}$$

$$L_{x'y'}=\sum x_i y_i-\frac{1}{n}(\sum x_i'\sum y_i')=16.40 \tag{3.5-2}$$

$$L_{y'y'}=\sum y_i'^2-\frac{1}{n}(\sum y_i')^2=64.01 \tag{3.5-3}$$

$$b'=L_{x'y'}/L_{x'x'}=3.39 \tag{3.5-4}$$

$$a'=\bar{y}-b'\bar{x}=\frac{1}{n}\sum y_i'-\frac{b}{n}\sum x_i'=-1.23 \tag{3.5-5}$$

$$b=b'=3.39 \quad a=a'=-1.23$$

$$y=a+b\ln x=18.00+3.70\ln x=10.30 \tag{3.5-6}$$

相关系数：$\gamma=L_{x'y'}/\sqrt{L_{x'x'}\times L_{y'y'}}=0.91$ (3.5-7)

通过上述计算，做出该点地表沉降拟合曲线图如图 3.5-5 所示。

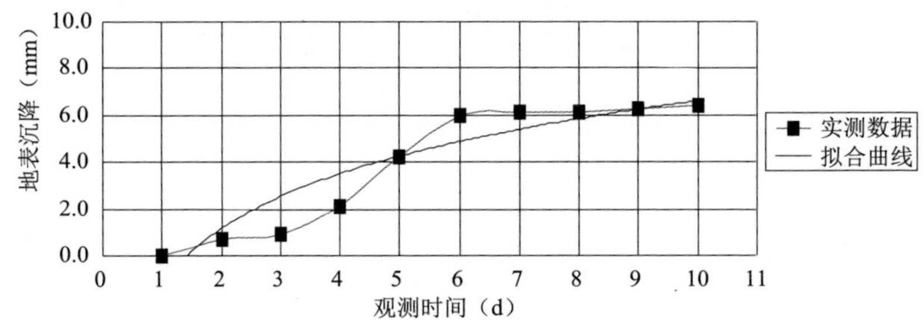

图 3.5-5　地表沉降实测数据及拟合曲线图

通过对 NO+017+DBZ5 监测点位前十天的监测数据进行回归分析之后，得出相关系数 $\gamma=0.91$，回归精度符合要求。预测出第 30 天的地表沉降值为 10.30 mm，而根据原始数据，第 30 天的实测沉降量为 10.16 mm，这比预测值小，实测沉降量在预测沉降量的范围之内，表明该处地表沉降未出现异常情况。

3.6 小　　结

(1)针对该区段隧道，进行了暗挖隧道施工方案的优化，并结合风险评估、案例调研结果认为，采用暗挖施工方案可以保证隧道施工安全,且在工期、投资及环保等方面具备相对较大的优势。

(2)针对该段隧道,对采用台阶法的暗挖施工方案进行了数值模拟分析,结果表明:台阶法可以控制围岩变形并使围岩变形处在允许范围内,综合考虑施工便利性,投资等多种因素,采用台阶法施工。

(3)本研究通过数值模拟分析与实际地表沉降对比,结果表明:对地表沉降而言,考虑地下水影响的数值计算值更加接近现场实测结果,说明地下水对隧道施工安全存在显著的影响。

(4)基于工程类比和理论分析,提出了隧道开挖的钻爆法施工方案和支护措施,保证了施工过程中隧道上覆地层的稳定性,有效控制了爆破振动影响。施工过程中,隧道围岩稳定、变形量不大,未发生地表塌陷等事故,保证了施工安全,验证了本研究成果的正确性。

第 4 章　超大断面小间距隧道施工技术

4.1　施工工艺流程及重难点

超大断面小间距隧道的施工工艺总流程与超大断面浅埋隧道的相同，如图 3.1 所示。

所选区间为深云车辆段出入线 SKD1＋839.393～SKD2＋018.751区间进行研究。该区段隧道跨度大、埋深浅、有偏压、地质条件复杂，开挖过程中出现坍塌、突水等紧急情况的可能性大，地面沉降难以控制，因此在开挖过程中，必须通过控制措施保证地铁隧道结构安全，避免对地面建(构)筑物、地下管线造成破坏或留下安全隐患。其施工难度很大，主要表现在以下几个方面：

(1)隧道施工对临近建筑物的影响。地铁隧道开挖施工时必须保证建筑物的安全和正常使用，保证企业的正常运营和居民的正常生活。

(2)隧道跨度大，最大断面宽度 15.33 m，为单洞三线隧道，施工工序多、结构繁琐，受力情况复杂。

(3)隧道的地质情况复杂，开挖部分为围岩质量较好的微风化花岗岩，但上部同等级覆层较薄，主要为中等风化花岗岩。

(4)隧道开挖部分岩质坚硬，需要采用钻爆法开挖，但爆破对其复杂地层扰动大，需要严格控制。

综上所述，大跨度浅埋偏压隧道施工环境苛刻，相邻建筑物对施工要求高，技术难度大。安全、顺利、如期完工，必须研究确定科学的开挖方法，合理安排各工序，控制地面沉降，确保建筑物、管线等不受较大影响，保证居民正常生活。

4.2　隧道开挖

小间距隧道是介于普通隧道和连拱隧道之间的一种隧道结构形式，是基于岩体力学角度来考虑，充分利用隧道的自承、自稳能力，通过围岩加固措施使隧道修筑达到合理和经济的目的。

针对超大断面小间距隧道，所采用的施工方法具有如下特点：

(1)采用新奥法施工技术指导施工，以合理的开挖顺序及开挖方法、初期支护紧跟、对中夹岩墙加固处理，确保了隧道围岩稳定和施工结构稳定，施工安全可靠。

(2)采用监控量测信息技术指导施工，使施工处于受控状态。

(3)采用中夹岩墙法施工，具有一定的社会经济效益。

(4)可有效地控制地面沉降，对周围环境影响小。

4.2.1　爆破设计

隧道采用爆破开挖时，为确保中岩墙围岩的完整，降低爆破对周围岩体及对周围环境的影响，应采用控制爆破技术。

在上半断面开挖中主要解决爆破振动对周围环境的影响；在下半断面的开挖中主要考虑确保中岩墙围岩的稳定和完整，以及控制后行隧道对先行隧道边墙初期支护的影响。

控制爆破振动主要采用控制装药量和分段微差爆破技术，根据《爆破安全规程》规定，爆破振动强度由速度衡量，爆破时在测点处产生的振动速度值与装药量、爆源与测点之间的距离及振动波传播路径的地质条件有关，一般按下式进行计算，得出的速度值应小于安全控制值。

$$V=K\left(\frac{Q^{1/3}}{R}\right)^{\alpha} \tag{4.2}$$

式中　V——振动速度(cm/s)；

Q——最大一段装药量(kg);

R——测点与爆源之间的距离(m);

K、α——与地形、地质条件有关的系数,可根据经验选取,最好在现场用实测数据进行回归分析后得出。

开挖爆破均应采用光面爆破,钻爆作业中应检测围岩爆破扰动深度、爆破震动对周边及中间岩柱的破坏程度,对爆破震动加以控制,以利于中间岩柱的稳定。

1. 爆破参数

爆破参数见表4.2。

表4.2 爆破参数表

参数项	参数设置
钻孔直径 d	42 mm
最小抵抗线 W	60 cm
光面爆破周边眼间距 a_1	50 cm
辅助眼和掏槽眼间距 a_2	$(1.0\sim1.2)W$
炮眼排距 b	W
炮眼深度 L	$H+h$;单循环进尺 $H=0.6$ m;炮眼超深 $h=(0.1\sim0.15)H$
单位炸药消耗量 q	1.6 kg/m^3
单眼装药量 Q	$0.33e\cdot q\cdot a\cdot b\cdot L$;其中 e 为炸药换算系数,取为1.0;单位 kg

小间距隧道采用控制爆破技术开挖技术要点:

(1)为保证中岩墙的稳定与安全,采用中槽先进,两侧预留光爆层的作业方法。

(2)中槽靠中岩墙一侧采用防震带(预裂带)降低爆破对中岩墙和先行隧道边墙初期支护的振动影响。

(3)预留光爆层主爆孔的爆破应尽量为光爆孔创造临空面,这样有利于保证光爆效果和控制围岩的爆破松弛厚度。

(4)平行隧道中一隧道开挖爆破时在另一隧道边墙初期支护上引起的振动速度控制在 1.5 cm/s 以下。

(5)采用微差爆破技术,考虑到爆破震动波形叠加作用的影响,时差可采用 100 ms。

2.炮眼设计

先行隧道采用台阶法,炮眼设计图如图 4.2-1、图 4.2-2 所示。

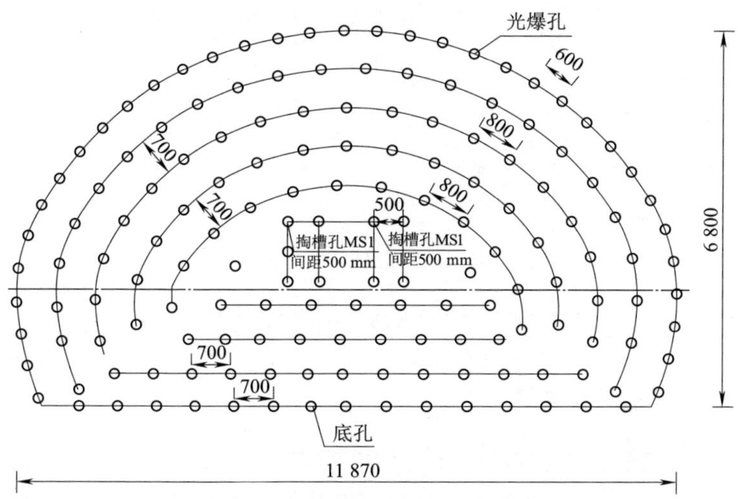

图 4.2-1　上台阶爆破设计图(单位:mm)

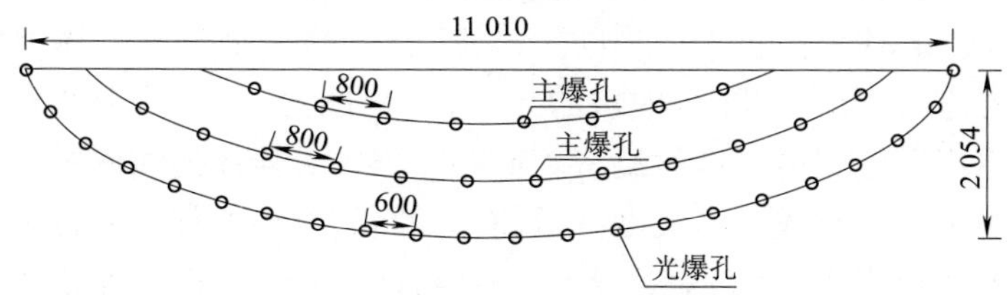

图 4.2-2　下台阶爆破设计图(单位:mm)

后行隧道炮眼设计如图 4.2-3 所示。

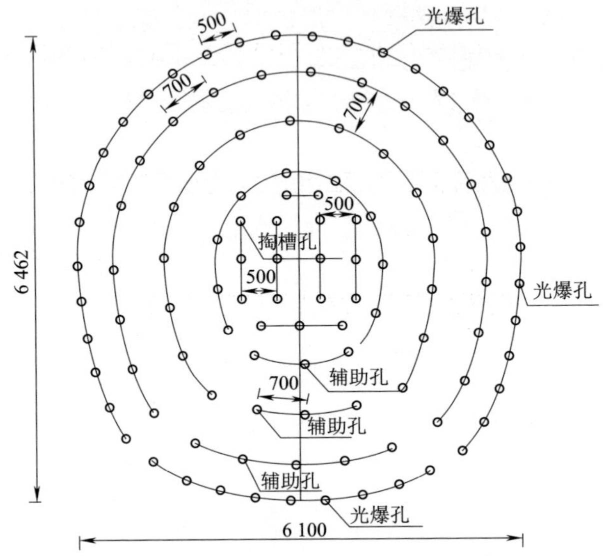

图 4.2-3　全断面爆破设计图(单位:mm)

4.2.2　开挖及支护

先分部开挖围岩较好一侧的先行隧道,滞后一定距离再分部开挖另一侧隧道,先行隧道开挖、初期支护及仰拱每个工序均要先于后行隧道一定距离,后行隧道初期支护及仰拱完成后,进行先行和后行隧道内层模筑混凝土衬砌施工。隧道开挖的施工步骤如图 4.2-4 所示。

中夹岩体加固技术。小间距隧道设计、施工是基于岩体力学角度来考虑,充分利用隧道围岩的自承、自稳能力,通过围岩加固措施使隧道修筑达到最合理而经济。而两隧道中夹岩体的加固则是整个小净距隧道建造成功的关键。目前小间距岩隧道岩柱加固技术主要有大吨位预应力锚索、对拉锚杆、小导管注浆和水平贯通锚杆等方法。在隧道中间岩柱的加固过程中,必须考虑作业空间和作业时间的限制。在常用的加固方法中,注浆加固是比较合理的。其原因主要在于注浆加固与预应力锚索相比,其工艺相对较为简单。但注浆加固岩体也有其自身的缺点，最主要的就是注浆效果很大程度上取决于岩体的裂隙发育程度和连通性。另外，与对拉锚杆相比较，其质量较难控制和检验。一般来说，注浆加固使用于裂隙较发育，而岩石块体较小的岩体，而预应力锚杆则适用于块体较大的岩体。结合岩土工程地质条件，采用注浆支护和预应力锚杆加固相结合的方式。

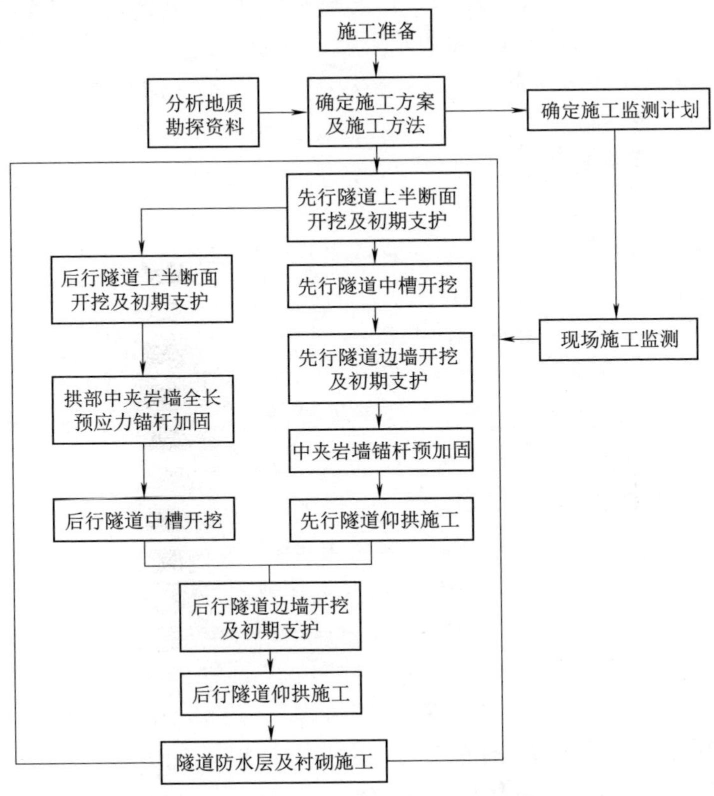

图4.2-4 隧道开挖施工步骤

(1)注浆支护

注浆支护施工特点：

①小导管注浆前，应对开挖面及5 m范围内的坑道喷射厚为

5～10 cm的混凝土封闭。

②注浆压力应为 0.5～1.0 MPa，必要时可在孔口处设置止浆塞。止浆塞应能承受规定的最大注浆压力或水压。注浆过程中应根据地质情况、注浆目的等控制注浆压力。注浆后至开挖前的时间间隔，视浆液种类宜为 4～8 h。开挖时应保留 1.5～2.0 m 的止浆墙，防止下一次注浆时孔口跑浆。注浆结束标准，是指某个注浆孔注浆达到如下的注浆效果时，即为结束该孔注浆的标准：注浆压力逐步升高，当达到设计终压并继续注浆 10 min 以上；有一定注入量，与设计注入量大致接近。

③注浆机具设备应性能良好，操作应简便，并应满足使用的要求。

④注浆效果探查。所谓注浆效果是指浆液在中夹岩中的实际分布状态与设计的预定注入范围的吻合程度及注浆后复合土质参数的提高状况。超前小导管预注浆的目的是为了提高中夹岩体的承载力，那么可考虑采用荷载试验（钻孔）及声波探测仪探查中夹岩实际注浆效果，测定承载力 P，估算变形模量、黏力、内摩擦角、相对密度、弹性波速度等。如未达到要求，应进行补注浆。

(2)中岩墙预应力锚杆施工

①为保证中夹岩墙的稳定及安全，在中夹岩墙起拱线以上设预应力锚杆，锚杆用 ϕ32 mm 钢筋按设计预应力锚固。

②预应力锚杆采用后张法施工。在后行隧道上半断面按设计位置钻孔打穿岩体，凿除杆体两端混凝土弧线部分，使垫板与混凝土面密贴，张拉端设在后行隧道内，锚固端设在先行隧道内；由后行隧道上半断面送入杆体，将锚固端的垫板与杆体焊接，并用喷射混凝土封闭孔口；用注浆机沿杆体向孔内注浆，注浆后用锚杆拉拔器立即张拉至设计预加拉力，用扭矩扳手双螺母锁定，并用喷射混凝土封闭孔口。预应力锚杆安装如图 4.2-5 所示。

(3)挂网的施工工艺与超大断面浅埋隧道相同。

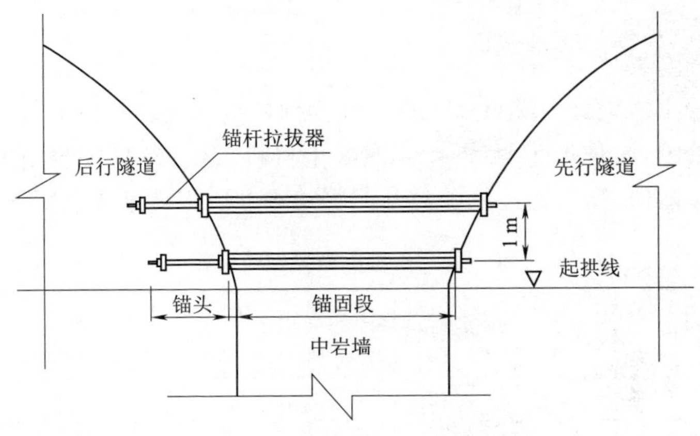

图 4.2－5　预应力锚杆安装示意图

4.3　施工数值模拟

4.3.1　计算工况

针对该大断面和小断面两个深埋隧道，提出了具体的优化工法，对其进行数值计算。其中大断面隧道断面形式为小间距隧道，为A-1型衬砌断面，开挖跨度为 6.1 m，开挖高度为 6.462 m，毛洞开挖面积为 32.046 m^2。超大断面隧道断面形式为超扁平隧道，为 D-1 型衬砌断面图，开挖跨度达 11.87 m，开挖高度达8.854 m，毛洞开挖面积达 83.919 m^2，最大埋深 61.34 m，属深埋隧道。为了保证隧道的工期，分别采用台阶法和全断面法开挖，掘进循环进尺均为3 m。具体的开挖工况如图 3.4－1、图 4.3－1 所示。

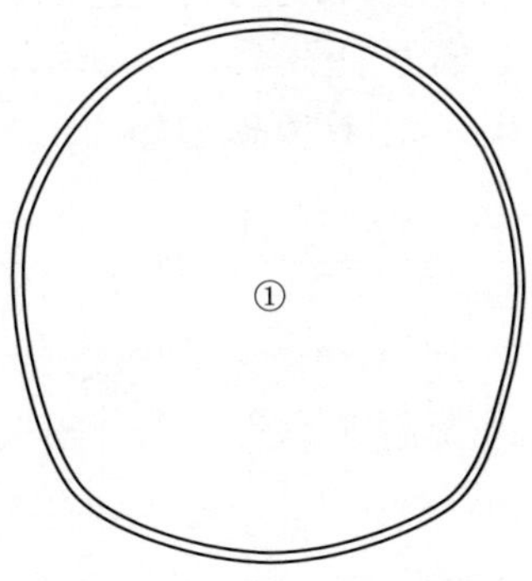

图 4.3－1　全断面开挖示意图

4.3.2　材料的参数选取

岩土体物理力学材料根据安托山停车场地质钻孔勘察报告中的参数取值，具体取值见表 4.3，混凝土材料、钢材参数按照相关规范及经验取值，钢材的计算参数参照等效刚度原则换算成混凝土。

表 4.3　各地层主要物理参数

材料	厚度（m）	泊松比	黏聚力（kPa）	弹性模量（GPa）	内摩擦角（°）	密度（kg/m^3）
杂填土	3	0.32	30	0.05	18	1 950
微风花岗岩	22.6	0.22	85	0.15	50	2 760
初期支护	0.3	0.2	—	22.3	—	2 210
二次衬砌	0.7	0.2	—	32.3	—	2 500

4.3.3　双线双洞隧道断面数值计算结果

本施工运用 FLAC3D 数值模拟软件建立三维地质模型，采用台阶法和全断面法开挖工况，根据 A-1 型衬砌断面和 D-1 型断面形式的尺寸，考虑隧道开挖的影响范围，其模型尺寸如图 4.3－2 所示，计算模型如图 4.3－3 所示，岩体模拟成实体单元，二衬及初支都是衬砌单元，计算模型如图 4.3－2、图 4.3－3 所示。

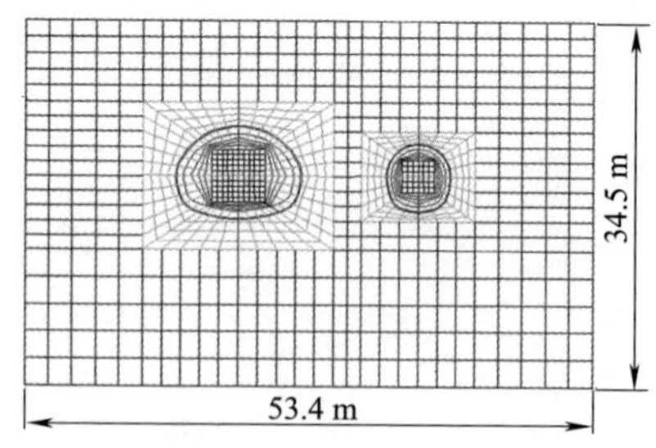

图 4.3－2　模型尺寸示意图

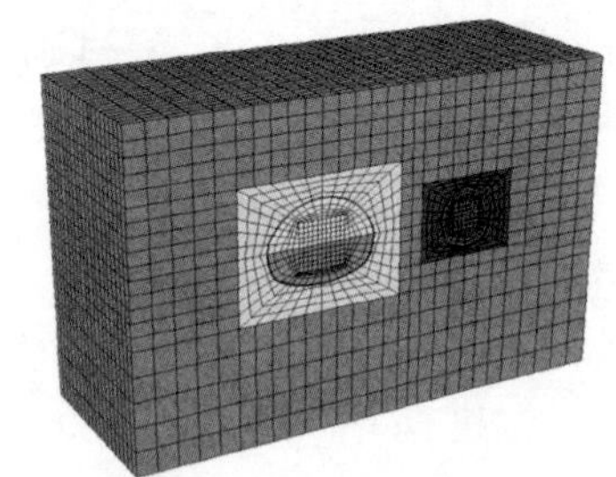
图 4.3－3　计算模型

1. 特大断面浅埋隧道台阶法模拟施工步骤

(1)建立模型,在自重场下计算平衡;

(2)开挖超大断面隧道上台阶1部,释放应力30%,计算平衡;

(3)施作超大断面隧道上台阶1部初支,释放应力40%,计算平衡;

(4)开挖超大断面隧道下台阶2部,释放应力30%,计算平衡;

(5)施作超大断面隧道下台阶2部初支,释放应力40%,计算平衡;

(6)开挖大断面隧道3部,释放应力30%,计算平衡;

(7)施作大断面隧道3部初支,释放应力40%,计算平衡;

(8)超大断面隧道同步连续错开开挖各部,并施作初期支护;

(9)大断面隧道继续开挖直至结束,并施作初期支护;

(10)施作隧道二次衬砌,应力完全释放,计算平衡。

2. 台阶法模拟计算结果

D-1型、A-1型断面形式隧道分别采用台阶法和全断面法施工全过程模拟,从围岩和初支受力等分析结果发现,各部的开挖引起的内力及地层变形均在规范允许的范围内,具体开挖模拟结果分析如图4.3-4所示。

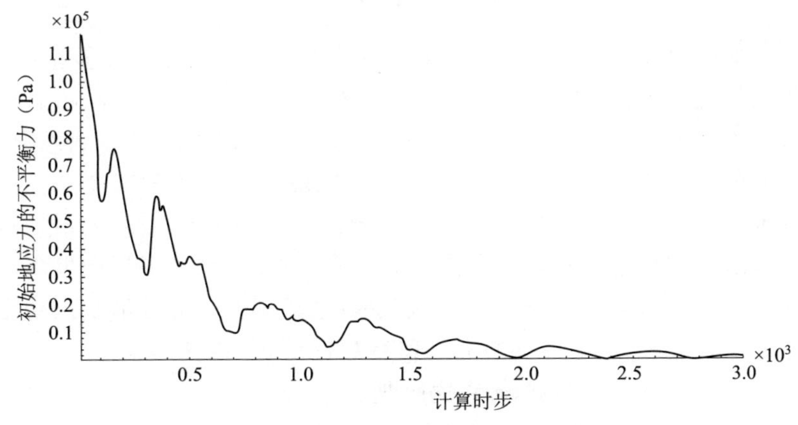

图4.3-4　初始地应力的不平衡力变化曲线图

如图 4.3-4 所示，初始地应力的不平衡力很快就达到计算所要求的范围内，说明了模型建立符合实际地质信息，边界条件满足计算要求；再从图 4.3-5 初始地应力竖向应力云图可知，地层的应力基本上是按照水平分层分布，说明了模型网格划分比较均匀，并没有出现突变与畸形单元，这为后续的隧道开挖支护计算提供了先决条件。

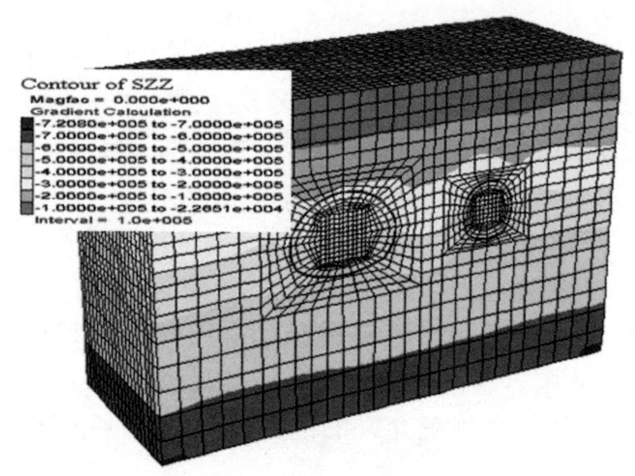

图 4.3-5　初始地应力竖向应力云图

如图 4.3-6～图 4.3-8 所示，上台阶开挖后，采取的隧道预加固措施起到了良好的效果，由竖向位移云图可知，上台阶开挖后，经过应力释放及围岩应力重分布，施作初期支护抑制围岩变形，使得围岩的竖向位移仅为 13.49 mm，满足地铁隧道施工的围岩变形控制要求。再由上台阶开挖后的塑性区分布云图可知，上台阶的开挖，对浅埋隧道的地表有着较大的影响，隧道上方及其周边围岩都发生了剪切屈服或拉伸屈服塑性区，特别是隧道拱顶正上方的地表出现了剪切屈服破坏，这与现场的实际监测数据反映的变形一致。从上台阶剪应变增量云图可知，施作的初期支护承受了较大的剪应力，这与工法优化中加强初期支护的方案吻合。

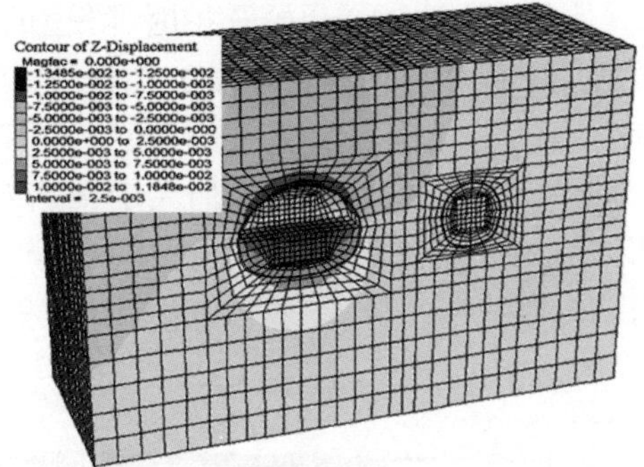

图 4.3-6　上台阶1部开挖后竖向位移

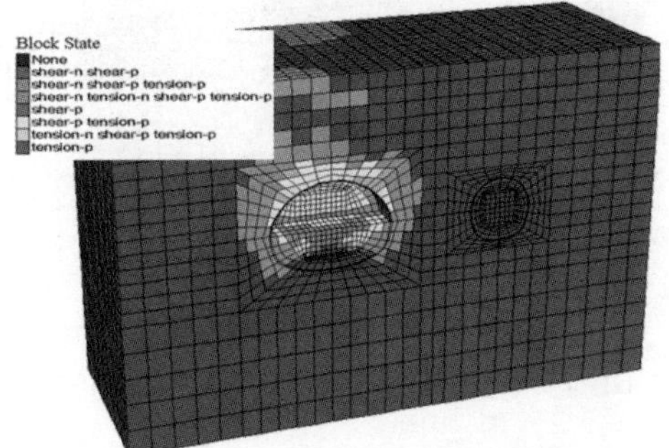

图 4.3-7　上台阶1部开挖后塑性区分布

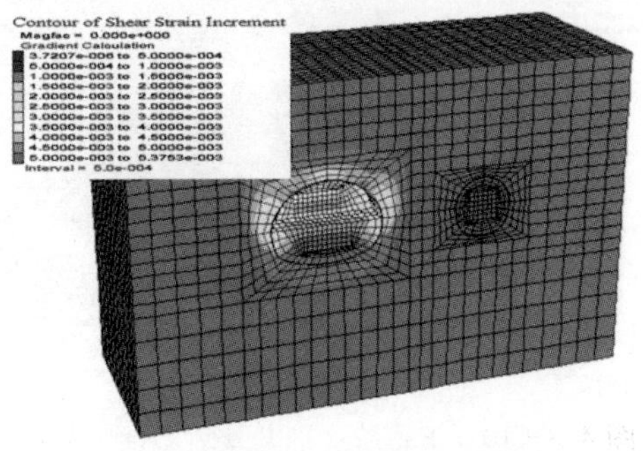

图 4.3-8　上台阶1部剪应变增量云图

如图 4.3－9 所示，当下台阶开始开挖时，隧道的围岩变形均随着下台阶的开挖不断增大，其中竖向位移在开挖中达到了 16.94 mm，但仍处于可控范围之内。由图 4.3－10 和图 4.3－11 可知，下台阶开挖对围岩进行了二次扰动，加大了围岩塑性区的范围，特别是地表的变形；初期支护近承担了全部的剪应力，最大的剪应力发生在隧道拱顶及拱脚两侧，表明了隧道围岩变形的控制重点区域。

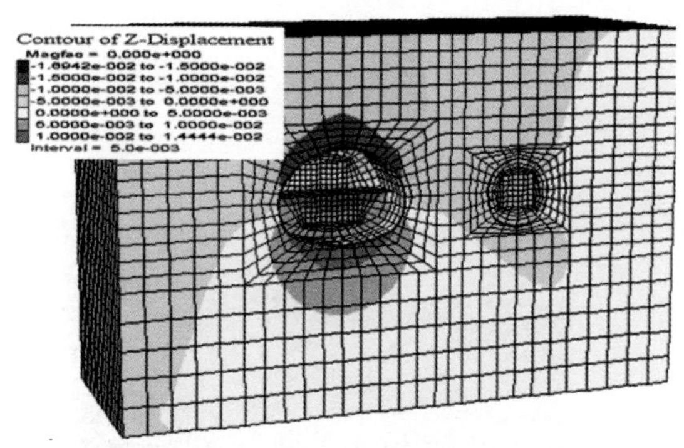

图 4.3－9　下台阶 2 部开挖后竖向位移

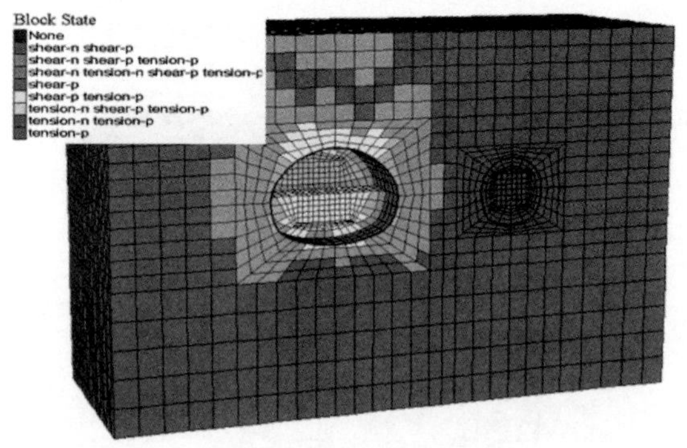

图 4.3－10　下台阶 2 部开挖后塑性区分布

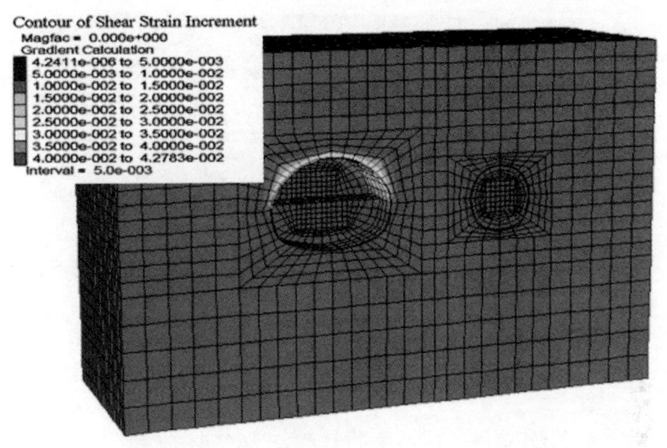

图 4.3－11　下台阶 2 部剪应变增量云图

由图 4.3－12～图 4.3－14 可知，当大断面隧道开始开挖时，大断面隧道的围岩变形开始出现并不断增大，并对超大断面围岩进行了二次扰动，加大了围岩塑性区的范围，围岩变形随着大断面隧道的开挖不断增大，竖向位移在开挖中达到了 22.61 mm，但仍处于可控范围之内。

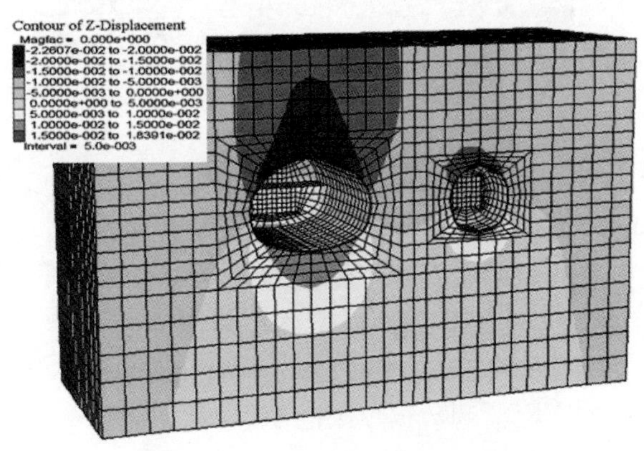

图 4.3－12　3 部开挖后竖向位移

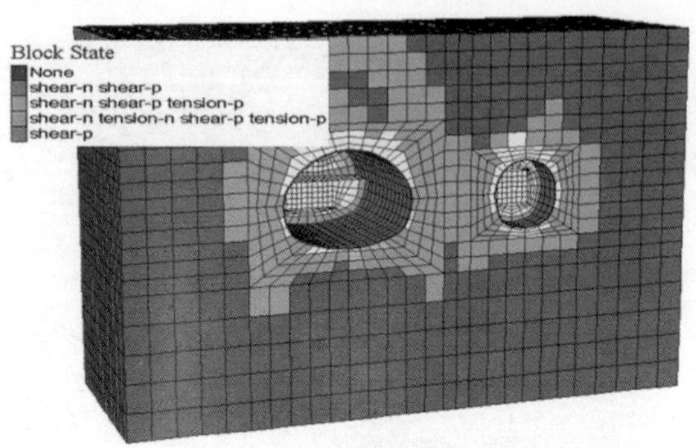

图 4.3-13　3 部开挖后塑性区分布

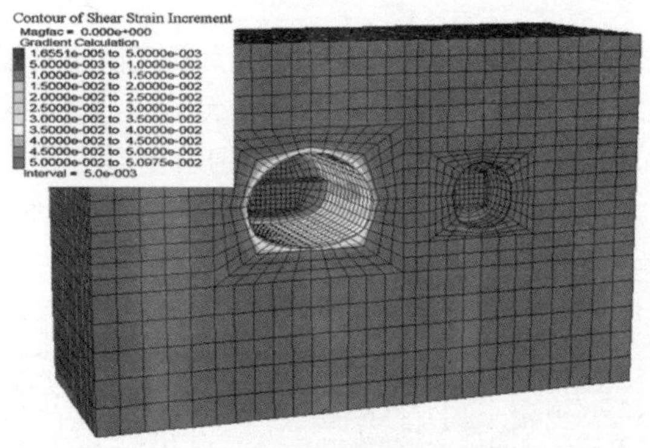

图 4.3-14　3 部剪应变增量云图

由图 4.3-15～图 4.3-17 可知，隧道的围岩变形均随着开挖不断增大，其中竖向位移在开挖中继续增大，达到了25.34 mm，满足地铁隧道施工的围岩变形控制要求。开挖对围岩进行了二次扰动，加大了围岩塑性区的范围，隧道拱顶出现拉伸变形，隧道底部剪切屈服扩大，与现场的实际监测数据反映的变形一致；初期支护承担了全部的剪应力，最大的剪应力发生在隧道拱顶处，表明了隧道围岩变形的控制重点区域。

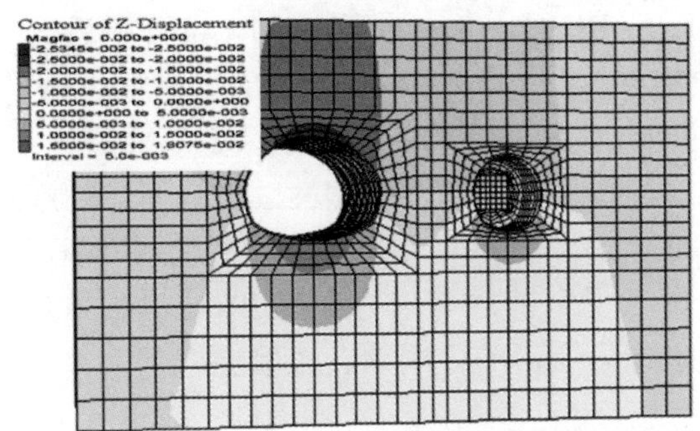

图 4.3－15　开挖结束后竖向位移

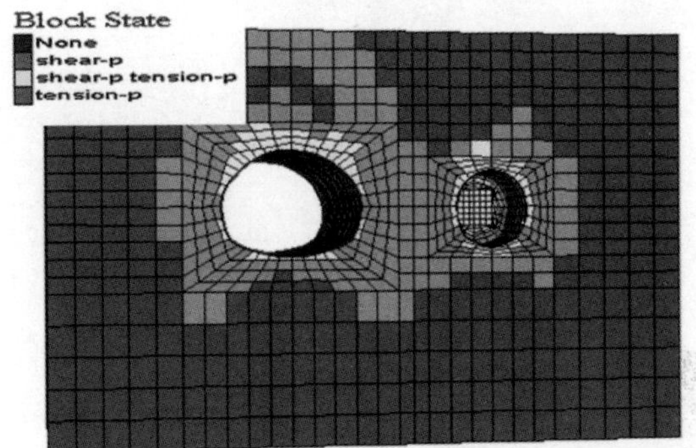

图 4.3－16　开挖结束后塑性区分布

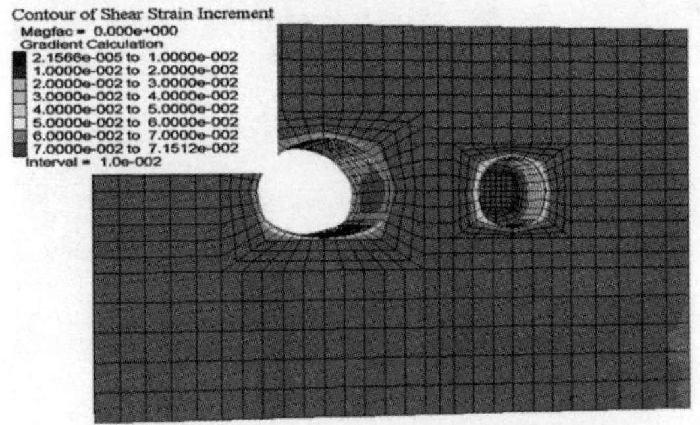

图 4.3－17　开挖结束后剪应变增量云图

根据图 4.3－18、图 4.3－19 可知，当全部开挖后，隧道的围岩变形均随着开挖不断增大，其中竖向位移在开挖中达到了 26.4 mm，满足地铁隧道施工的围岩变形控制要求。大断面隧道开挖对两隧道围岩进行了二次扰动，加大了围岩塑性区的范围，隧道拱顶出现拉伸变形，隧道底部剪切屈服扩大，与现场的实际监测数据反映的变形一致；初期支护承担了全部的剪应力，最大的剪应力发生在隧道拱顶处，表明了隧道围岩变形的控制重点区域。

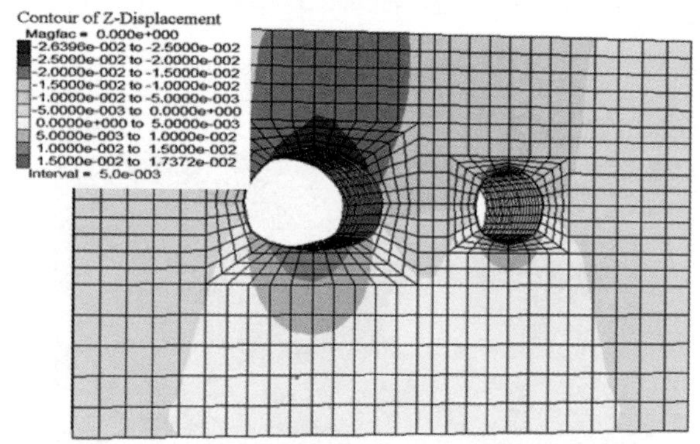

图 4.3－18　开挖结束后竖向位移

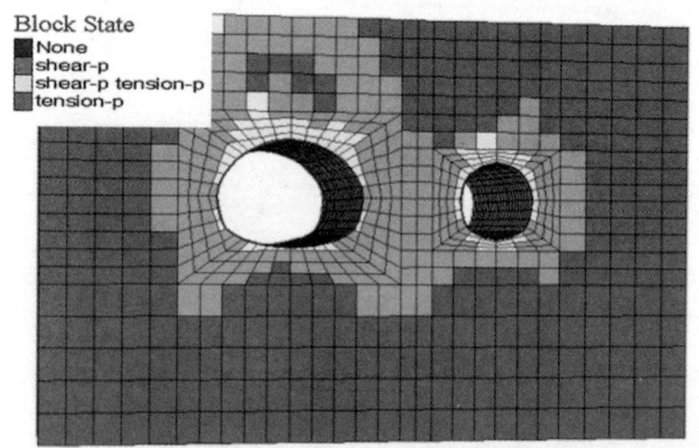

图 4.3－19　开挖结束后塑性区分布

据图 4.3－20 可知，当两个隧道全部开挖完成后，两隧道各自最大主应力均发生在隧道的拱顶处，为 0.45 MPa。与浅埋隧道超前预加固的措施保持了一致的结论，说明优化后的开挖方法及加固处理措施满足该区域的施工要求。

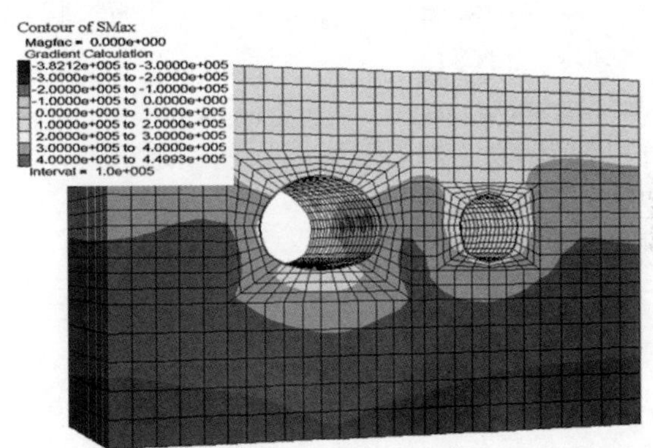

图 4.3－20　大断面开挖结束后剪应变增量云图

4.4　监控量测与地表沉降分析

4.4.1　监测的意义

在隧道开挖过程中，地应力得到释放，蓄积在岩体内的能量逐渐释放，隧道围岩不可避免会产生变形，隧道的变形存在空间效应，即隧道在空间不同点对应不同的位移；隧道变形又存在时间效应，即隧道同一点的位移随时间不断变化。研究隧道围岩体的变形规律，对隧道的支护和隧道安全性的评估有着至关重要的作用。新奥法是以锚杆、喷射混凝土为主要支护手段，其核心是基于监测数据进行隧道开挖过程的信息化施工，为保证监测数据可以准确反馈于施工，必然要对监测数据进行回归分析。本文以某隧道拱顶下沉和水平收敛现场监测数据为依据，提出监测数据的回归分析模型，预测隧道的稳定性状态和后续变形。

4.4.2 监测内容

1. 周边位移

(1)量测目的

周边位移是隧道围岩应力状态变化最直观的反映,通过周边位移量测可以达到以下目的:

①为判断隧道空间的稳定性提供可靠的数据;

②根据位移变化速度判断隧道围岩的稳定程度,为二次衬砌提供合理的直呼时间。

(2)测点布设

周边位移量测是主要量测项目之一,个测点在避免爆破作业破坏测点的前提,尽可能靠近开挖工作面埋设,一般为 0.5～2 m,并在一次爆破循环前获得初始读书。初读数在开挖后 12 h 内读取,最迟不超过 24 h,而且在下一循环开挖前,完成初期变形值读数。

测点布置根据施工方法、工程地质条件、隧道埋深等条件确定。在采用全断面开挖方式时,布置 3 个测点,3 条测线;采用上下台阶开挖方式时,布置 6 个测点,6 条测线。

埋设测点时,先在测点处用小型冲击钻在待测部位钻孔(测桩埋设深度约 5 cm,钻孔直径约 20 cm),清孔后将早强锚固剂塞入孔中,然后将带膨胀管的收敛测桩敲入,待锚固剂初凝以后旋紧收敛钩即可量测。测桩设置保护罩。

周边位移量测测点间距表见表 4.4-1。

表 4.4-1 周边位移量测测点间距(单位:m)

围岩条件	洞口附近	埋深小于 $2B$	施工进度 200 m 前	施工进度 200 m 后
硬质岩层(断裂破碎带除外)	10	10	20	30
软岩(不产生很大塑性地压)	10	10	20	30
软岩(产生很大塑性地压)	10	10	20	30

注:B 为隧道开挖宽度。

(3)量测频率

量测频率可根据位移速度和量测断面距开挖面距离，分别按表4.4－2和表4.4－3确定，当按表中选择量测频率出现较大差异时，宜取量测频率较高者作为实施的量测频率。周围位移和拱顶下沉监测频率见表4.4－2，周边位移和拱顶下沉监测频率见表4.4－3。

量测工作应持续到变性基本稳定后2～3周后结束。对于膨胀性和挤压性围岩，位移长期没有减缓趋势时，应适当延长量测时间。

表4.4－2　周围位移和拱顶下沉监测频率(按位移速度)

位移速度(mm/d)	量测频率
＞10	2～4次/1 d
5～10	1～2次/1 d
1～5	1～2次/1 d
＜1	1次/7 d

表4.4－3　周边位移和拱顶下沉监测频率(按距开挖面距离)

位移速度(mm/d)	量测频率
(0～1)D	2～4次/1 d
(1～2)D	1～2次/1 d
(2～5)D	1～2次/1 d
＞5D	1次/7 d

注：D为隧道宽度。

(4)量测方法

采用数显式收敛计，按照监测频率要求进行量测。根据量测结果绘制位移随时间以及开挖面距离变化图，位移速度、位移加速度随时间以及开挖面距离变化图，及时进行数据处理，判断围岩周边位移情况并指导施工。

2.拱顶下沉

(1)量测目的

拱顶下沉量测主要用于确认围岩的稳定性，及时掌握隧道整体的稳定情况。通过拱顶下沉量测可以达到以下目的：

①确认开挖后围岩的稳定性；

②判断初期支护效果；

③指导施工工序；

④预防拱顶崩塌；

⑤保证施工质量和安全。

(2)测点布设

拱顶下沉与周边位移量测点布置为同一断面，采用周边位移监测在拱顶位置埋设的三个测点进行量测。

(3)量测频率

拱顶下沉量测频率与周边位移量测相同。

(4)量测方法

监测方法采用水准抄平方法，按照监测频率要求进行量测。将水准测量基准点分别设置于洞内和洞外沉降稳定位置(用于校核)，视线长度一般不大于 30 m，监测误差控制在 1.0 mm 以内(高程误差 0.7 mm)。根据量测结果绘制下沉量随时间以及开挖面距离变化图，及时进行数据处理，确认围岩稳定性，指导施工。隧道监控量测断面示意图如图 4.4-1 所示。

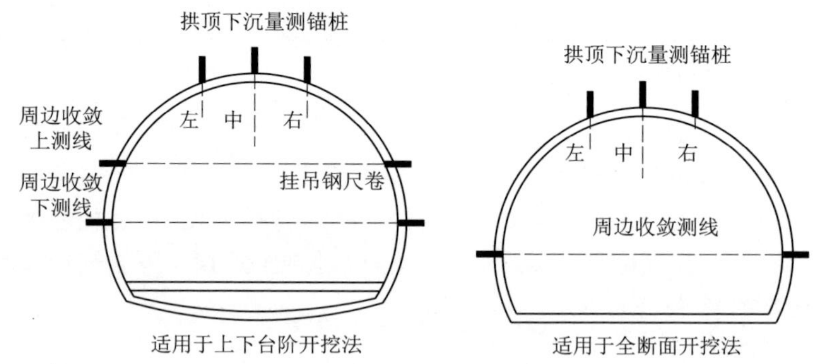

图 4.4-1　隧道监控量测断面示意图

3. 监测难点

小间距隧道施工的难点、重点是控制爆破作业，必须确保隧道开挖过程围岩的稳定，减小两隧道之间由于净距较小引起的围岩变形、爆破震动等不利因素。在地质条件良好、地形条件受制约时，是一种较好的隧道结构形式。小间距隧道施工的关键是中间岩柱的加固和稳定，由于围岩自稳性和支护结构的受力较一般隧道复杂，必须充分利用隧道围岩的自承、自稳能力，通过围岩加固措施使隧道修建达到经济、合理的目的。熟练掌握小间距隧道施工的工序及工法，能确保我公司在市政工程上占有一席之地。

4.4.3　拱顶沉降和水平收敛现场监测分析

拱顶沉降监测的目的是获取衬砌结构上部的下沉值，通过监测数据分析，防止因拱顶沉降过大而引发隧道失稳。监测点布置方法为：首先在测点位置安装膨胀螺栓，然后将铁片焊接在膨胀螺栓上，并粘贴全站仪反光片。本文依托工程中每个隧道断面布设 3 个监测点，拱顶正中部位布设 1 个测点，其两侧距离该测点 2.5 m 处分别布设 1 个测点，该断面的沉降值取 3 个测点沉降量的平均值。隧道净空收敛量测的主要目的是防止水平收敛过大引起的隧道结构破坏，同时有效控制成形隧道满足设计文件的建筑限界要求。水平收敛监测应在每次开挖后尽早进行，初始读数在开挖后 12 h 内读取，最迟不得超过 24 h，而且在下一循环开挖前，必须完成初期变形值的读数。

以深云车辆段出入线 SKD1＋991.700 断面埋设测设元件进行监测，本文基于隧道开挖过程中的拱顶沉降和水平收敛现场检测数据，采用回归分析理论，对隧道断面的稳定性现状进行有效的评估。目前进行回归分析时，根据监测数据散点的分布规律可选用指数函数、对数函数和双曲函数。

对数函数：

$$u = a \times \lg(1 + t) \qquad (4.4-1)$$

$$u = a + b/\lg(1+t) \tag{4.4-2}$$

指数函数：

$$u = a \times (1 - e^{-bt}) \tag{4.4-3}$$

$$u = a \times e^{-b/t} \tag{4.4-4}$$

双曲函数：

$$u = t/(a + bt) \tag{4.4-5}$$

$$u = a\left[1 - \left(\frac{1}{1+bt}\right)^2\right] \tag{4.4-6}$$

式中 a,b——回归常数；

t——初读数后的时间；

u——位移值。

1. 拱顶沉降分析

选取该断面监测点 Ys/xtt8+962 进行拱顶沉降监测。初始监测部分数据见表 4.4-4。

表 4.4-4 Ys/xtt8+962 点位部分监测数据表

时间 t(2 d)	拱顶沉降 u(mm)	绝对值(mm)
1	−0.91	0.91
2	−1.65	1.65
3	−3.24	3.24
4	−5.43	5.43
5	−7.33	7.33
6	−10.58	10.58
7	−11.98	11.98
8	−12.84	12.84
9	−13.65	13.65
10	−13.98	13.98
11	−14.21	14.21
12	−14.32	14.32

续上表

时间 t(2 d)	拱顶沉降 u(mm)	绝对值(mm)
13	－14.36	14.36
14	－14.38	14.38
15	－14.39	14.39

将表中数据在 Excel 中绘制成位移—时间曲线图，如图 4.4－2 所示。

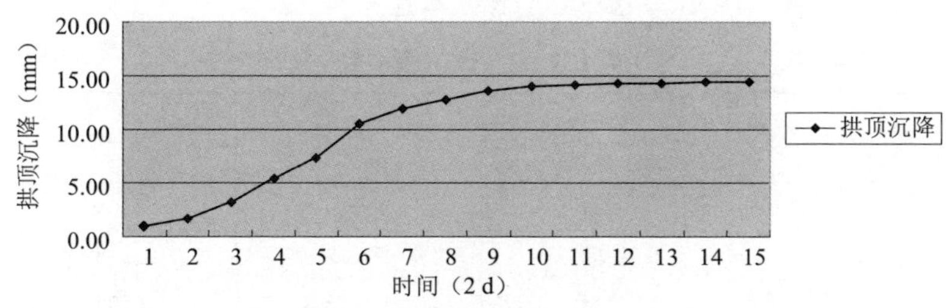

图 4.4－2　位移—时间曲线图

从位移—时间曲线图中可以看出，随着掌子面与观测面距离的增大，隧道的拱顶下沉值在增加，但是当掌子面离开观测面一段距离的时候，隧道拱顶变形的发展趋于平缓。因为随着时间的推移，拱顶的应力已经释放，但即使是应力释放后，隧道的内部围岩还在发生缓慢变形，这可能与地下水的渗透有关。隧道开挖后，尽管立刻进行初期支护，但是由于喷射混凝土的密实度有限，随着时间的推移，会有部分地下水渗入隧道，引起围岩应力、变形状态随时间的稳定而变化。到二次衬砌支护前，最大的拱顶下沉量为 14 mm，其原因是该断面位于断层破碎带内，围岩条件差。

根据位移—时间曲线的走向合理性的选择指数函数公式(4.4－4)作回归函数进行回归分析(若不能明确选择，可将该函数分别进行回归分析，取拟合最优)。将非线性的指数函数线性化，如下：

$$u=a\times e^{-b/t}$$

两边同时取对数得：

$$\ln u=\ln a-\frac{b}{t} \tag{4.4-7}$$

令 $u_1=\ln u$，$t_1=-\frac{1}{t}$，

则：

$$u_1=\ln a+bt_1 \tag{4.4-8}$$

在 Excel 中编辑公式进行计算，见表 4.4-5。

表 4.4-5 计 算 表

时间 t(2 d)	拱顶沉降 u(mm)	$t_1=-\frac{1}{t}$(d^{-1})	$u_1=\ln u$(mm)
1	0.91	−1.000 0	−0.089 5
2	1.65	−0.500 0	0.498 6
3	3.24	−0.333 3	1.174 7
4	5.43	−0.250 0	1.691 5
5	7.33	−0.200 0	1.991 6
6	10.58	−0.166 7	2.359 4
7	11.98	−0.142 9	2.483 6
8	12.84	−0.125 0	2.552 8
9	13.65	−0.111 1	2.613 4
10	13.98	−0.100 0	2.637 9
11	14.21	−0.090 9	2.654 2
12	14.32	−0.083 3	2.661 8
13	14.36	−0.076 9	2.664 4
14	14.38	−0.071 4	2.665 8
15	14.39	−0.066 7	2.666 7

应用 Excel“数据分析功能”中“回归”对表中数据进行回归分析，得到回归分析结果如图 4.4-3 所示。

SUMMARY OUTPUT								
回归统计								
Multiple R	0.945562999							
R Square	0.894089385							
Adjusted R Square	0.885942415							
标准误差	0.298625661							
观测值	15							
方差分析								
	df	SS	MS	F	Significance F			
回归分析	1	9.786762539	9.786762539	109.7450151	1.04633E-07			
残差	13	1.159304711	0.089177285					
总计	14	10.94606725						
	Coefficients	标准误差	t Stat	P-value	Lower 95%	Upper 95%	下限 95.0%	上限 95.0%
Intercept	2.834186369	0.10536185	26.89955022	8.7832E-13	2.606565932	3.061806807	2.60656593	3.061806807
X Variable 1	3.400418513	0.324593614	10.4759255	1.04633E-07	2.699176646	4.101660381	2.69917665	4.101660381

图 4.4-3 指数函数回归分析结果

从回归分析结果知 Intercept 截距 $\ln a=2.834$，则，$a=17.013$，斜率 X Variable 斜率 $b=3.400$，代入公式(4.4-4)，得到指数回归方程：

$$u=17.013\times e^{-3.400/t}$$

根据测试数据做出拟合曲线，如图 4.4-4 所示。

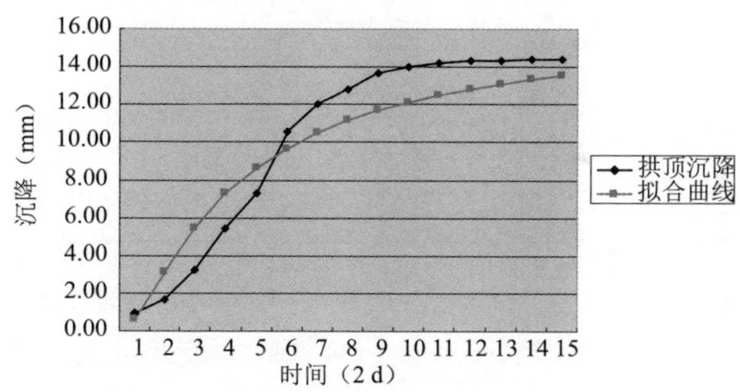

图 4.4-4 拟合曲线图

同时，可以从图 4.4-3 中得出相关系数 $r=0.945$，满足回归精度要求，在 $u=17.013\times e^{-3.400/t}$ 中取 $t=20$，得到第 40 天预测拱顶沉降 $u=15.62$ mm，与实际沉降监测结果相差不大，当 $t=\infty$，一段期限内最大拱顶沉降为 17.000 mm，也在预警值之内，说明监测开始期间内拱顶沉降未出现异常。

2. 隧道水平收敛分析

选取该断面监测点 Ys/Xo8+962 进行隧道水平收敛监测。初始监测部分数据见表 4.4－6。

表 4.4－6　Ys/Xo8＋962 点位部分监测数据表

时间 t(2 d)	拱顶沉降 u(mm)	绝对值(mm)
1	－0.17	0.17
2	－0.49	0.49
3	－0.91	0.91
4	－1.91	1.91
5	－2.58	2.58
6	－3.72	3.72
7	－4.68	4.68
8	－5.31	5.31
9	－5.70	5.70
10	－5.73	5.73
11	－5.77	5.77
12	－5.79	5.79
13	－5.84	5.84
14	－5.96	5.96
15	－5.94	5.94

将表中数据在 Excel 中绘制成位移—时间曲线图，如图 4.4－5 所示。同时可以绘制出水平收敛速度随时间变化曲线如图 4.4－6 所示。

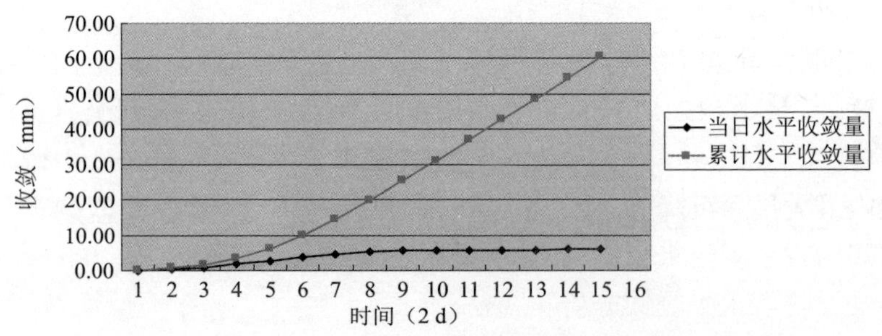

图 4.4－5　水平收敛随时间变化曲线

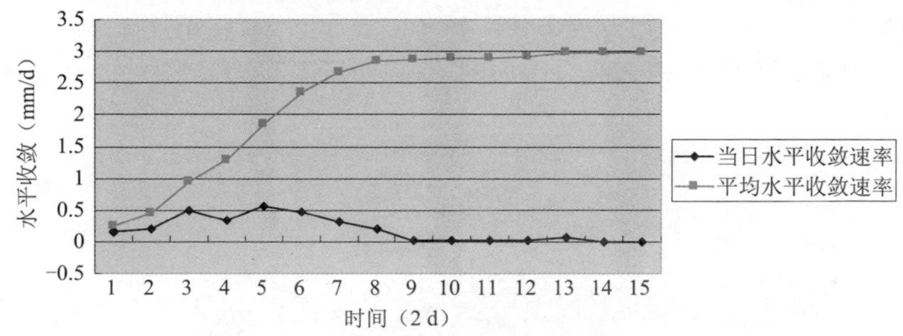

图 4.4－6　水平收敛速率随时间变化曲线

根据现场量测的曲线，考察其收敛加速度 d^2u/dt^2 判断稳定性或危险性，隧道围岩变形速度的变化率，即 d^2u/dt^2（变性加速度）一般有以下三种情况：

(1) d^2u/dt^2 说明隧道围岩变形随时间的增加而变小，对应的变形速率也在逐步减小，这预示着隧道围岩逐渐趋于稳定，从岩体的流变特性看，处于稳定蠕变阶段。

(2) d^2u/dt^2 说明隧道围岩变形为一恒定值，对应的变形速率也保持某一数值进行恒速变形，这表明围岩的变形并未日趋减小，而是在单位时间内以等值的变形持续增加，这预示着围岩处于临界状况，隧道围岩有可能失稳，应发出警告，及时加强支护系统。

(3) d^2u/dt^2 说明隧道围岩变形在逐步增大，其变形速率不断增快，这往往表示围岩很快将会出现破坏或垮塌，隧道围岩处于危险状态，必须立即采取措施进行特殊支护或用其他的措施加固围岩，这时围岩处于加速蠕变阶段，如不立即采取措施加固围岩，隧道围岩将会垮落破坏。

从图 4.4－5 和图 4.4－6 可分析得出断面收敛值最后收敛值最后稳定在 6.0 mm 左右，量测初期拱部的收敛速率较大，后期收敛速率变小，26 d 后变形基本区域稳定。

与拱顶沉降类似，对水平收敛部分检测数据采用指数函数进行回归分析。得到回归方程 $u=7.43\times e^{-4.290\,244/t}$，回归精度 $r=0.955$ 满足误差要求，其拟合曲线图如图 4.4－7 所示。

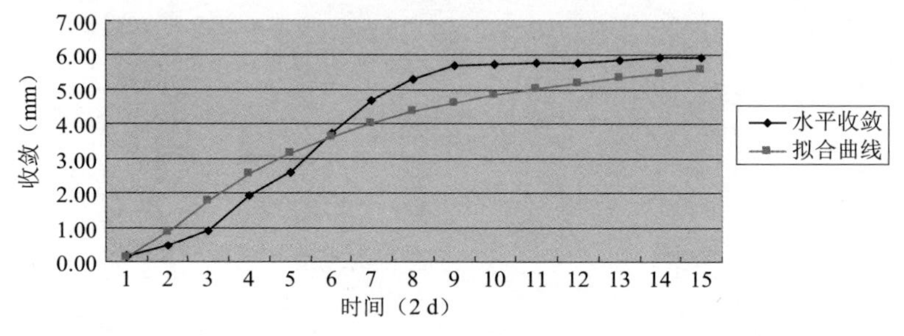

图 4.4－7　拟合曲线

取 $t=20$，得到第 40 天预测水平收敛 $u=5.99$ mm，与实际收敛监测结果相差不大，当 $t=\infty$ 一段期限内最大水平为 7.43 mm，也在预警值之内，说明监测开始期间内水平收敛未出现异常。

4.5　小　结

针对超大断面和小间距等施工中存在的关键技术问题，采用案例调研、理论分析、数值模拟及现场测试等手段开展了系统研究工作，取得了如下主要成果：

(1)针对该区段隧道，进行了暗挖隧道施工方案的优化，并结合风险评估、案例调研结果认为，采用暗挖施工方案可以保证隧道施工安全，且在工期、投资及环保等方面具备相对较大的优势。

(2)针对该段隧道，对采用台阶法和全断面的暗挖施工方案进行了数值模拟分析，结果表明：台阶法和全断面可以控制围岩变形并使围岩变形处在允许范围内，综合考虑施工便利性，投资等多种因素，采用台阶法和全断面法施工。

(3)本研究通过数值模拟分析和拱顶沉降和水平收敛监测数据

的回归分析为后期施工预测提供参考数据，防止了事故的发生，确保了施工的安全，起到了优化设计和指导施工的作用，也为工程的施工积累了经验。

(4)基于工程类比和理论分析，提出了隧道开挖的钻爆法施工方案和支护措施，保证了施工过程中隧道上覆地层的稳定性，有效控制了爆破振动影响。施工过程中，隧道围岩稳定、变形量不大，未发生地表塌陷等事故，保证了施工安全，验证了本研究成果的正确性。

第 5 章　超大断面浅埋偏压隧道施工技术

5.1　施工工艺流程

超大断面浅埋偏压隧道的施工工艺总流程如图 5.1 所示。

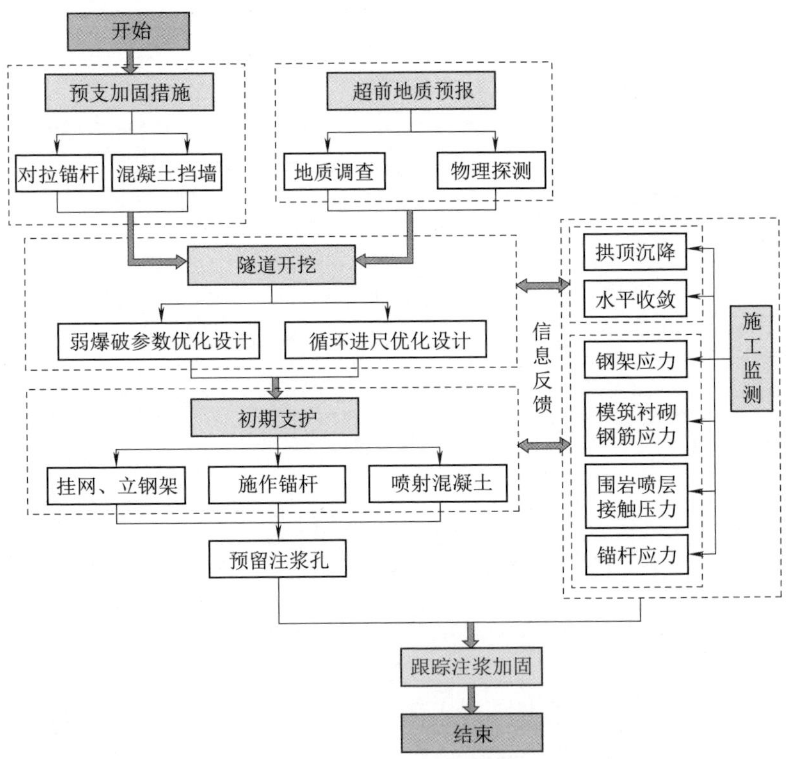

图 5.1　超大断面浅埋偏压隧道的施工工艺总流程图

5.2　预支加固

5.2.1　对拉锚杆

1. 施工工艺设计

在对拉锚杆设计中充分考虑了地质、周边环境、隧道开挖断面、埋深以及开挖方法等因素，特别是针对浅埋、偏压条件下，决定了拉锚杆的配置、间距以及施工范围。

对拉锚杆设计参数为：

采用 ϕ32 mm 自进式对拉锚杆，锚杆布置间距 1.0 m×1.0 m，锚杆灌浆料采用纯水泥浆或 1∶1 水泥砂浆，水灰比为 0.4～0.5。若采用水泥砂浆，砂子粒径不大于 1.0 mm，并通过实验确定。对拉锚杆设计图如图 5.2－1 所示。

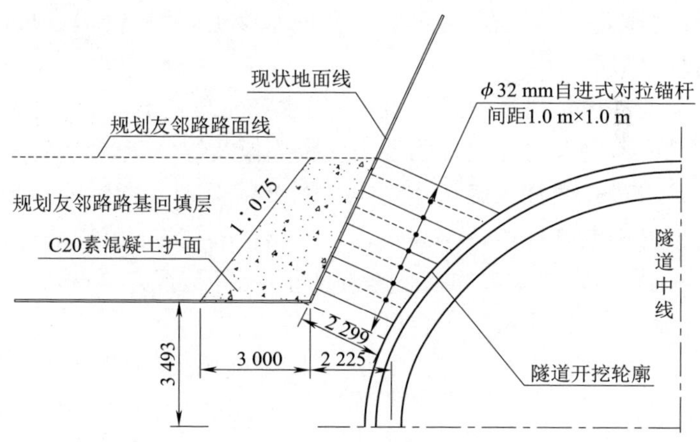

图 5.2－1　对拉锚杆设计图(单位：mm)

2. 施工工艺流程

对拉锚杆施工工艺流程如图 5.2－2 所示。

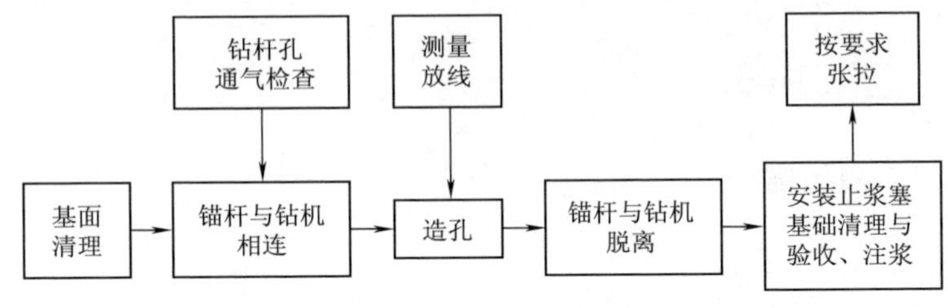

图 5.2-2　对拉锚杆施工工艺流程图

3.施工工艺操作要点

(1)自进式锚杆采用气腿钻或潜孔钻机钻进;自进式锚杆安装前,检查锚杆体中和钻头的水孔是否畅通,若有异物堵塞,须及时清理。

(2)在钻进过程中,最重要的是保证锚杆及钻头水孔的畅通,为此,需要注意水从钻孔中流出的情况,如发现水孔有堵塞的迹象,则将锚杆后撤 50 cm 左右,经反复扫孔使水畅通,然后慢慢进尺,直至达到设计深度。

(3)锚杆体钻进至设计深度后,用水和空气洗孔,方可将钻机和连接套卸下,并及时在锚杆两端头安装垫板及螺母,临时固定杆体。

(4)自进式锚杆在确认达到施工图纸或监理人指示的钻孔要求后,从锚杆中空钻杆进行注浆锚固,为了保证注浆不停顿地进行,注浆前应认真检查注浆泵的状态是否良好,配件是否齐全;检查制浆的原材料是否齐备,质量是否合格。

(5)水泥浆严格按配合比配制,并随配随用,以免浆液在注浆管、泵中凝结。

(6)注浆过程中若出现堵管现象,则及时清理锚杆、注浆软管和注浆泵;如果当时注浆泵的压力表显示有压,则应先卸压后拆接头进行处理。

(7)注浆后,在砂浆凝固前,不得敲击、碰撞和拉拔锚杆。浆体强度达设计要求后,可上紧螺母,并按设计要求用扭力扳手张拉。

5.2.2　混凝土挡墙

1. 施工工艺设计

在隧道左侧浅埋处浇筑混凝土，首先为对拉锚杆提供锚固点；其次起到反压作用，在一定程度上平衡隧道右侧因地形变化产生的侧向压力；最后作为护面，保护出露的围岩地层不再受自然侵蚀作用，减弱风化作用。

混凝土挡墙设计参数：挡墙使用C20素混凝土浇筑，挡墙底部宽3 m，按照1∶0.75放坡，挡墙背部紧贴原有地面。

2. 施工工艺流程(图5.2－3)

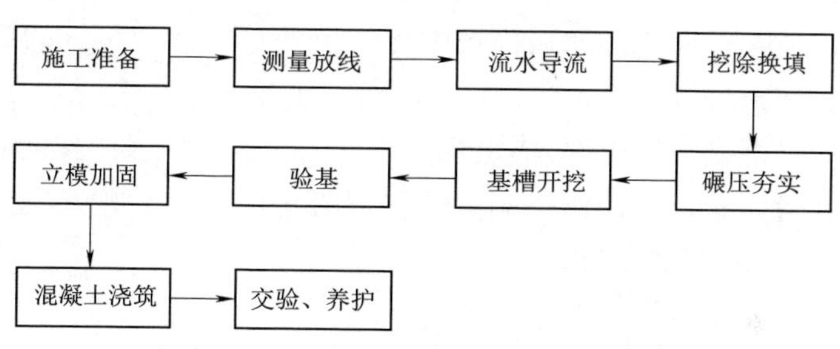

图5.2－3　混凝土挡墙施工工艺流程图

3. 施工工艺操作要点

(1)模板安装

模板采用胶合木模板，禁止使用有缺角、破损的模板。保证混凝土结构和构件各部分设计形状尺寸和相互间位置正确；具有足够的强度、刚度和稳定性，能承受新浇筑混凝土的重力侧压力及施工中可能产生的各项负荷。模板的接缝不得漏浆；在浇筑混凝土前，木模板应浇水湿润，但模板内不应有积水模板与混凝土的接触面应清理干净并涂刷脱膜剂，但不得影响模板结构性能。模板使用后应按规定修整保存。模板之间粘贴双面不干胶带，以减小模板缝防止漏浆，以保证混凝土面的观感质量。

(2)浇筑混凝土

混凝土应分层进行浇筑,不得随意留置施工缝。混凝土浇筑应连续进行。当因故间歇时,其间歇时间应小于前层混凝土的初凝时间或能重塑的时间。在浇筑混凝土过程中或浇筑完成时,如混凝土表面泌水较多,须在不扰动已浇筑混凝土的条件下,采取措施减少泌水。自高处向模板内倾卸混凝土时,为防止混凝土离析,一般应满足下列要求:从高处直接倾卸时,混凝土倾落高度不宜超过 2 m,以不发生离析为度。

混凝土浇筑过程中,应随时对混凝土进行振捣并使其均匀密实。振捣宜采用插入式振捣器垂直点振。混凝土振捣过程中,应避免重复振捣,防止过振。应加强检查模板支撑的稳定性和接缝的密合情况,防止在振捣混凝土过程中产生漏浆。混凝土振捣完成后,应及时修整、抹平混凝土裸露面,待定浆后再抹第二遍并压光。抹面时严禁洒水,并应防止过渡操作影响表面层混凝土的质量。尤其要注意施工抹面工序的质量保证。

(3)混凝土养护

混凝土养护期间,应重点加强混凝土的湿度和温度控制,及时对混凝土暴露面进行洒水养护,并保持暴露面持续湿润,直至混凝土终凝为止。混凝土带模养护期间,应采取带模包裹、浇水。通过喷淋洒水措施进行保湿、潮湿养护,保证模板接缝处不至失水干燥。为了保证顺利拆模,可在混凝土浇筑 24～48 h 后略微松开模板,并继续浇水养护至拆模后。

5.2.3 预支加固质量控制

1. 对拉锚杆

(1)自进式锚杆采用气腿钻或潜孔钻机钻进;自进式锚杆安装前,检查锚杆体中和钻头的水孔是否畅通,若有异物堵塞,须及时清理。

(2)在钻进过程中,最重要的是保证锚杆及钻头水孔的畅通,为此,需要注意水从钻孔中流出的情况,如发现水孔有堵塞的迹象,则将锚杆后撤 50 cm 左右,经反复扫孔使水畅通,然后慢慢进尺,直至达到设计深度。

(3)锚杆体钻进至设计深度后,用水和空气洗孔,方可将钻机和连接套卸下,并及时在锚杆两端头安装垫板及螺母,临时固定杆体。

(4)自进式锚杆在确认达到施工图纸或监理人指示的钻孔要求后,从锚杆中空钻杆进行注浆锚固,为了保证注浆不停顿地进行,注浆前应认真检查注浆泵的状态是否良好,配件是否齐全;检查制浆的原材料是否齐备,质量是否合格。

(5)水泥浆严格按配合比配制,并随配随用,以免浆液在注浆管、泵中凝结。

(6)注浆过程中若出现堵管现象,则及时清理锚杆、注浆软管和注浆泵;如果当时注浆泵的压力表显示有压,则应先卸压后拆接头进行处理。

(7)注浆后,在砂浆凝固前,不得敲击、碰撞和拉拔锚杆。浆体强度达设计要求后,可上紧螺母,并按设计要求用扭力扳手张拉。

2. 混凝土挡墙

(1)安装的模板采用胶合木模板,禁止使用有缺角、破损的模板。模板的接缝不得漏浆;在浇筑混凝土前,木模板应浇水湿润,但模板内不应有积水模板与混凝土的接触面应清理干净并涂刷脱膜剂,但不得影响模板结构性能。模板使用后应按规定修整保存。模板之间粘贴双面不干胶带,以减小模板缝防止漏浆,以保证混凝土面的观感质量。

(2)浇筑混凝土时应分层进行浇筑,不得随意留置施工缝。混凝土浇筑应连续进行。在浇筑混凝土过程中或浇筑完成时,如混凝土表面泌水较多,须在不扰动已浇筑混凝土的条件下,采取措施减少泌水。自高处向模板内倾卸混凝土时,为防止混凝土离析,一般应满足下列要求:从高处直接倾卸时,混凝土倾落高度不宜超过 2 m,以不发生离析为度。混凝土浇筑过程中，应随时对混凝土进行振捣并使其均匀密实。混凝土振捣过程中，应避免重复振捣，防止过振。应加强检查模板支撑的稳定性和接缝的密合情况，防止在振捣混凝土过程中产生漏浆。混凝土振捣完成后，应及时修整、抹平混凝土裸露面，待定浆后再抹第二遍并压光。抹面时严禁洒水，并应防止过渡操作影响表面层混凝土的质量。尤其要注意施工抹面工序的质量保证。

5.3　隧道开挖

5.3.1　爆破设计

1. 施工工艺设计

爆破采用的爆破炸药及相关爆破参数、爆破器材与超大断面浅埋隧道所使用的相同。

隧道开挖采用双侧壁法开挖，Ⅱ级围岩花岗岩地层，属于硬质岩体，采用线形微震爆破新技术和光面爆破技术进行弱爆破开挖。爆破的设计方案中，右侧壁与左侧壁以隧道中线为基准对称布置，具体方案如下：

(1)左侧壁上层光面爆破设计

左侧壁上层埋深浅，采用弱爆破设计，设置3个中空眼的三眼直筒掏槽布置，掏槽眼布置如图5.3-1所示，辅助眼、底板眼以及周边眼均采用直眼掏槽。具体爆破网络如图5.3-2所示，其中图中110 cm×110 cm方框为掏槽眼布置，如图5.3-1所示。掏槽眼、辅助眼、底板眼、周边眼的装药结构如图5.3-3所示，爆破设计参数见表5.3-1。

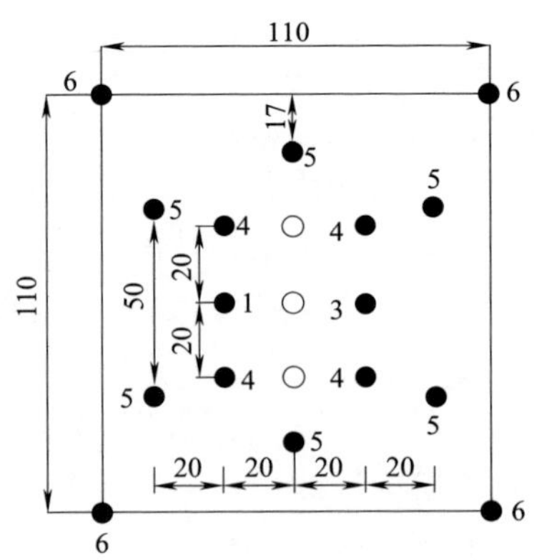

图5.3-1　掏槽眼布置图
(单位：cm)

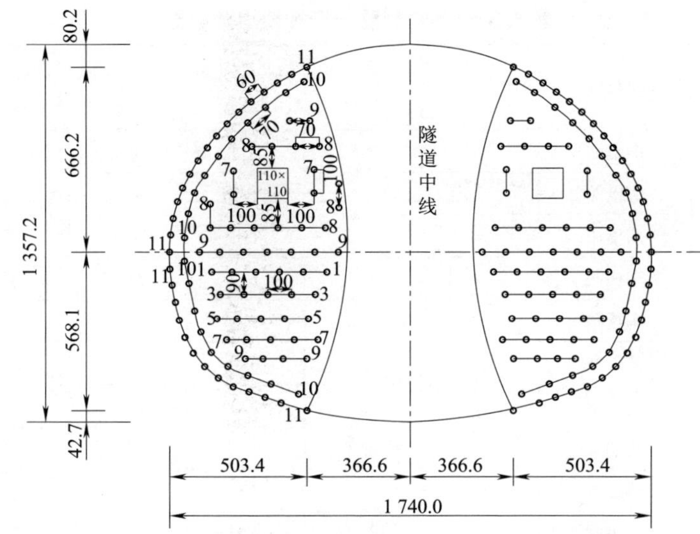

图 5.3-2　两侧壁开挖爆破炮眼布置图(单位:cm)

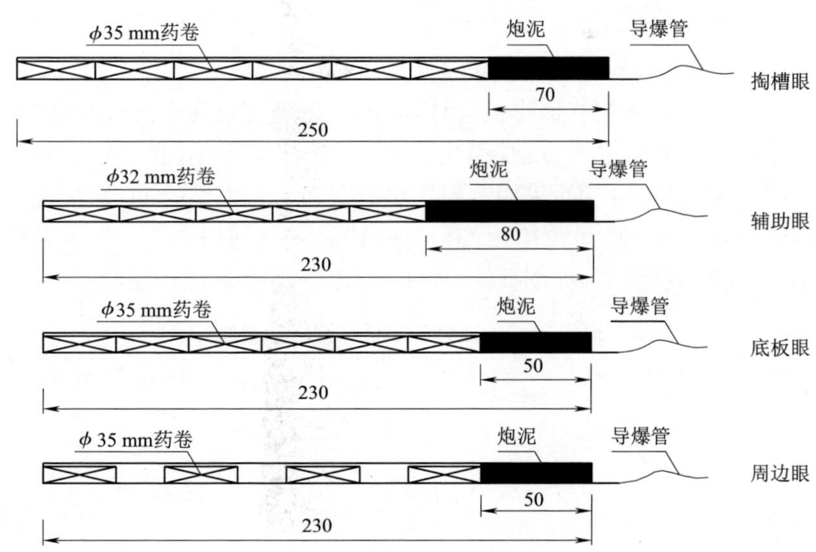

图 5.3-3　炮眼装药结构图(单位:cm)

表 5.3-1 左侧壁上层开挖爆破参数

雷管段别	炮眼名称	炮眼数目	炮眼深度(m)	单孔装药量(kg)	单段药量(kg)	药卷直径(mm)
1	掏槽眼	1	2.5	1.1	1.1	35
3	掏槽眼	1	2.5	1.1	1.1	35
4	掏槽眼	4	2.5	1.1	4.4	35
5	掏槽眼	6	2.5	1.1	6.6	35
6	掏槽眼	4	2.5	1.1	4.4	35
7	辅助眼	4	2.3	0.9	3.6	32
8	辅助眼	13	2.3	0.9	11.7	32
9	辅助眼	9	2.3	0.9	8.1	35
10	辅助眼	10	2.3	0.9	9	32
11	周边眼	16	2.3	0.7	11.2	35
合　计		62	—	—	61.2	—
循环进尺:2 m,总钻孔量:145.8 m,开挖量:47.88 m^3,炸药单耗:1.28 kg/m^3						

(2)左侧壁下层光面爆破设计

下层爆破采用光面爆破设计,辅助眼采用直眼掏槽,光面爆破周边眼略微向外张开布置,外插角为 2°～3°。充分利用上部开挖后形成的大型水平临空面,采用分层爆破方式布置辅助眼,同时采用光面爆破技术,周边眼间距取为 60 cm。具体爆破网络如图 5.3-2 所示,各炮眼装药结构如图 5.3-3 所示,爆破设计参数见表 5.3-2。

表 5.3-2 左侧壁下层开挖爆破参数

雷管段别	炮眼名称	炮眼数目	炮眼深度(m)	单孔装药量(kg)	单段药量(kg)	药卷直径(mm)
1	辅助眼	6	2.3	0.9	5.4	32
3	辅助眼	5	2.3	0.9	4.5	32
5	辅助眼	5	2.3	0.9	4.5	32
7	辅助眼	5	2.3	0.9	4.5	32

续上表

雷管段别	炮眼名称	炮眼数目	炮眼深度(m)	单孔装药量(kg)	单段药量(kg)	药卷直径(mm)
9	辅助眼	4	2.3	0.9	3.6	32
10	辅助眼	9	2.3	0.9	8.1	32
11	周边眼	13	2.3	0.7	9.1	35
合　计		47	—	—	39.7	—
循环进尺:2 m,总钻孔量:108.1 m,开挖量:43.95 m³,炸药单耗:0.90 kg/m³						

(3)中洞上层光面爆破设计

隧道中洞上层采用弱爆破设计,因两侧具有临空面,采用底部侧向水平拉槽和拱部光面爆破。底部侧向水平拉槽采用分层分段进行,炮孔深度 2.5 m,辅助眼以及周边眼均采用直眼掏槽具体爆破网络如图 5.3－4 所示。掏槽眼、辅助眼、周边眼的装药结构如图 5.3－3 所示,爆破设计参数见表 5.3－3。

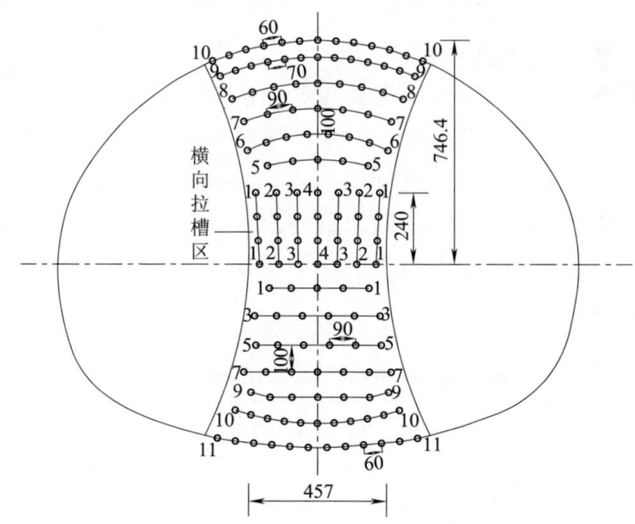

图 5.3－4　中洞开挖爆破炮眼布置图(单位:cm)

表 5.3－3　中洞上层开挖爆破参数

雷管段别	炮眼名称	炮眼数目	炮眼深度(m)	单孔装药量(kg)	单段药量(kg)	药卷直径(mm)
1	掏槽眼	8	2.5	1.1	8.8	35
2	掏槽眼	8	2.5	1.1	8.8	35
3	掏槽眼	8	2.5	1.1	8.8	35
4	掏槽眼	4	2.5	1.1	4.4	35
5	辅助眼	5	2.3	0.9	4.5	32
6	辅助眼	8	2.3	0.9	7.2	32
7	辅助眼	7	2.3	0.9	6.3	32
8	辅助眼	9	2.3	0.9	8.1	32
9	辅助眼	13	2.3	0.9	11.7	35
10	周边眼	13	2.3	0.7	9.1	35
合　计		83	—	—	77.7	—
循环进尺:2 m,总钻孔量:196.5 m,开挖量:81.84 m^3,炸药单耗:0.95 kg/m^3						

(4)中洞下层光面爆破设计

中洞下层爆破采用光面爆破设计,辅助眼采用直眼掏槽,光面爆破周边眼略微向外张开布置,外插角为 2°～3°。充分利用两侧壁以及上部开挖后形成的大型水平临空面,采用分层爆破方式布置辅助眼,同时采用光面爆破技术,周边眼间距取为 60 cm。具体爆破网络如图 5.3－4 所示,各炮眼装药结构如图 5.3－3 所示,爆破设计参数见表 5.3－4。

表 5.3－4　中洞下层开挖爆破参数

雷管段别	炮眼名称	炮眼数目	炮眼深度(m)	单孔装药量(kg)	单段药量(kg)	药卷直径(mm)
1	辅助眼	5	2.3	0.9	4.5	32
3	辅助眼	6	2.3	0.9	5.4	32

续上表

雷管段别	炮眼名称	炮眼数目	炮眼深度 (m)	单孔装药量 (kg)	单段药量 (kg)	药卷直径 (mm)
5	辅助眼	6	2.3	0.9	5.4	32
7	辅助眼	6	2.3	0.9	5.4	32
9	辅助眼	7	2.2	0.9	6.3	32
10	辅助眼	11	2.3	0.9	9.9	32
11	周边眼	12	2.3	0.7	8.4	35
合　计		53	—	—	45.3	—
循环进尺：2 m，总钻孔量：121.9 m，开挖量：67.62 m^3，炸药单耗：0.67 kg/m^3						

根据岩层节理裂隙发育程度、岩性软硬情况，修正眼距，用药量，特别是周边眼；根据爆破后石渣的块度修正参数。石渣块度小，说明辅助眼布置偏密；块度大说明炮眼偏少，用药量过大。根据爆破振速监测，调整单段起爆炸药量及雷管段数；根据开挖面凹凸情况修正钻眼深度，眼底基本上落在同一断面上。

2. 施工工艺流程

爆破工艺流程如图 3.2－6 所示。

3. 施工工艺操作要点

爆破作业必须按照爆破设计进行测量、钻眼、装药、堵塞、接线和引爆。具体操作要点同超大断面浅埋隧道爆破。

5.3.2　循环进尺优化

1. 施工工艺设计

开挖部分示意图如图 5.3－5 所示，其中 1-3-5-7-9-11 为开挖顺序，Ⅱ-Ⅳ-Ⅵ-Ⅷ-Ⅹ-Ⅻ为初支施工顺序，13 与ⅩⅣ为二次衬砌。

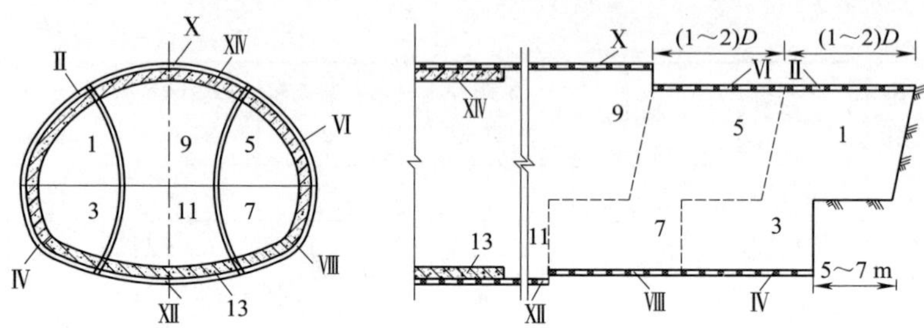

图 5.3－5　开挖示意图

开挖工序分述如下：

(1)进行左侧壁上层开挖，开挖进尺 2 m，如图 5.3－6 所示；

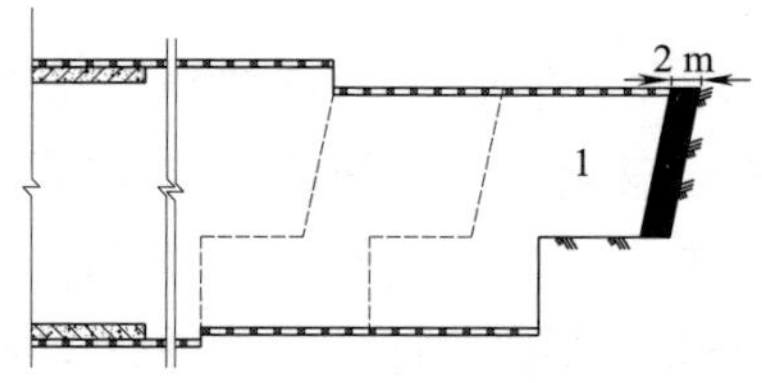

图 5.3－6　左侧壁上层开挖

(2)进行左侧壁下层开挖，开挖进尺 2 m 且滞后左侧壁上层 3～4 个循环，如图 5.3－7 所示；

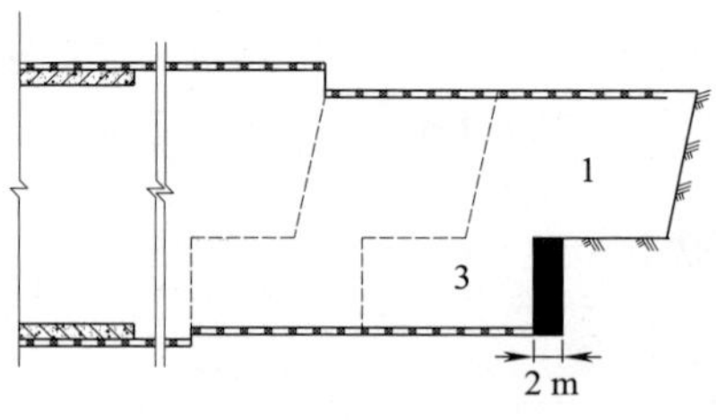

图 5.3－7　左侧壁下层开挖

(3)进行右侧壁上层开挖，开挖进尺 2 m 且滞后左侧壁上层 1～2 倍洞跨，如图 5.3－8 所示；

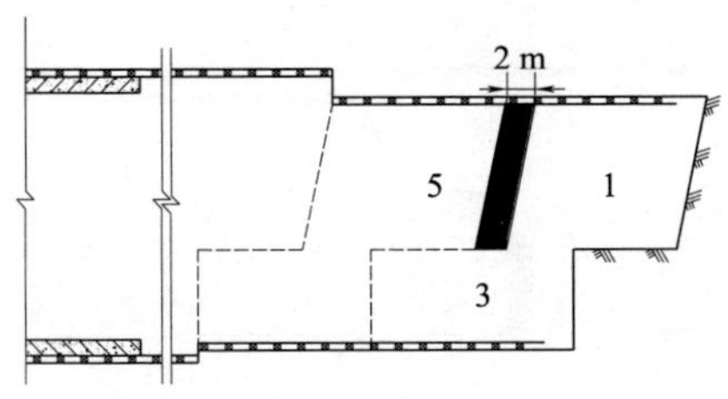

图 5.3－8　右侧壁上层开挖

(4)进行右侧壁下层开挖，开挖进尺 2 m 且滞后右侧壁上层 3～4 个循环，如图 5.3－9 所示；

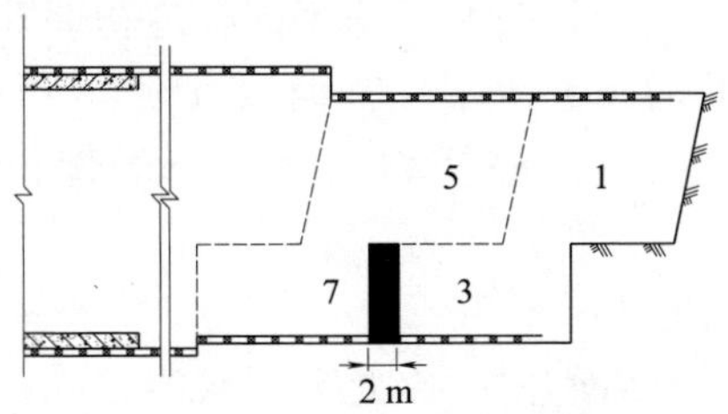

图 5.3－9　右侧壁下层开挖

(5)进行中洞上层开挖，开挖进尺 2 m 且滞后右侧壁上层 1～2 倍洞跨，如图 5.3－10 所示；

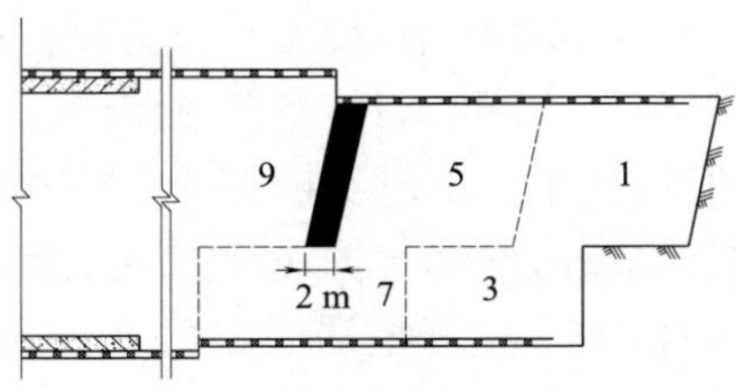

图 5.3－10　中洞上层开挖

(6)进行中洞下层开挖，开挖进尺 2 m 且滞后中洞上层 3～4 个循环，如图 5.3－11 所示。

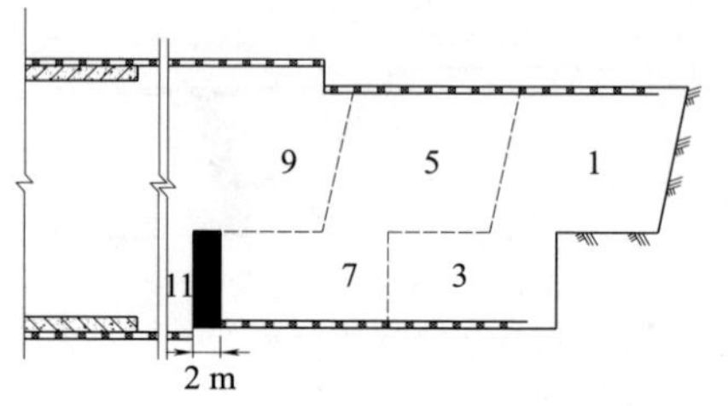

图 5.3－11 中洞下层开挖

为控制隧道变形、维持其稳定，需要在每一层开挖后及时进行架设钢架及钢筋网、喷射混凝土等初期支护措施，保证支护快速封闭成环。对于双侧壁的临时支护，其施工同隧道初期支护一致，在开挖中洞岩石前再将临时支护拆除，临时支护一次拆除长度不能大于10 m。在需要打设中空锚杆和锁脚锚杆的部位进行相应的施工操作。

2. 施工工艺流程

隧道属于超大断面开挖，因此采用双侧壁法来保证施工安全，又由于处于偏压状态，所以要求从隧道左侧浅埋的部分开挖，具体的开挖过程如图 5.3－12 所示。

3. 施工工艺操作要点

(1)在隧道整个偏压段开挖的过程中，拱顶左侧埋深浅，是其控制的重点和难点。在施工过程中，相比于中洞和右侧壁，其开挖进尺必须进行严格控制，依据实际监测信息随时调整，保证该部的稳定。

(2)初期支护和两侧壁的临时支护必须紧随隧道开挖而进行，保证支护结构快速封闭成环，增大支护强度，以控制隧道围岩变形。

(3)两侧壁与中洞的下层开挖滞后上层 3～4 个循环进尺，不宜相距太近或太远，同时右侧壁开挖滞后左侧壁 1～2 倍洞跨、中洞开挖滞后右侧壁 1～2 倍洞跨。

(4)加强隧道开挖各部的监控量测，一旦出现过大变形必须及时采取相应的应急保护措施。

(5)在需要打设中空锚杆和锁脚锚杆的部位按照相应的要求严格执行,进一步加强支护强度。

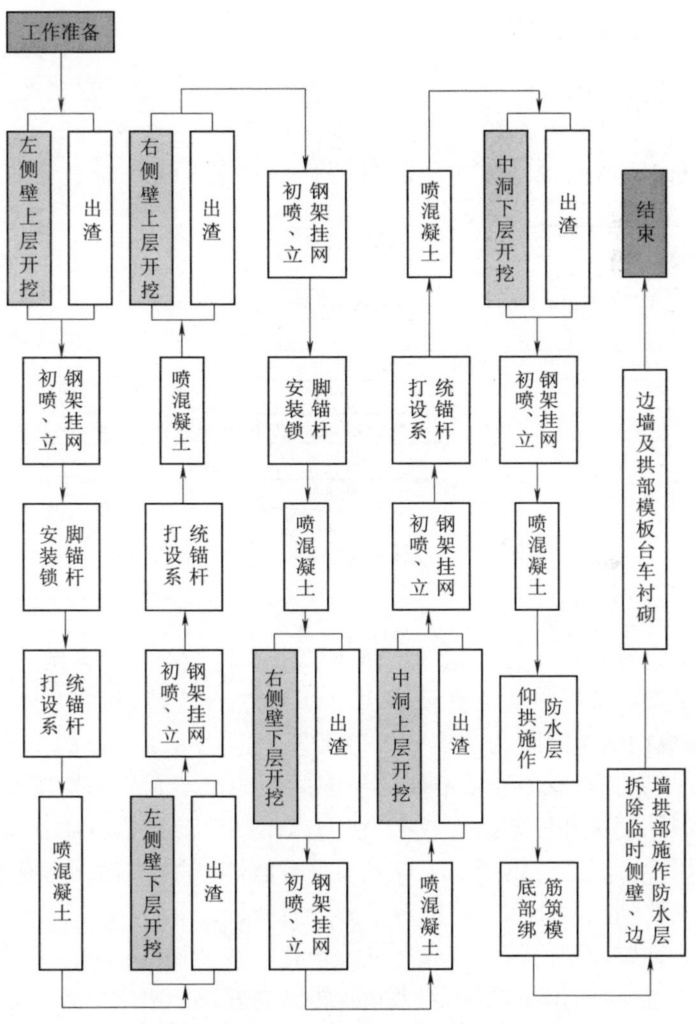

图 5.3-12　开挖施工作业流程图

5.4　初期支护

5.4.1　挂网、立钢架

1. 钢架施工

(1)施工工艺流程

型钢钢架安装施工工艺如图 5.4－1 所示。

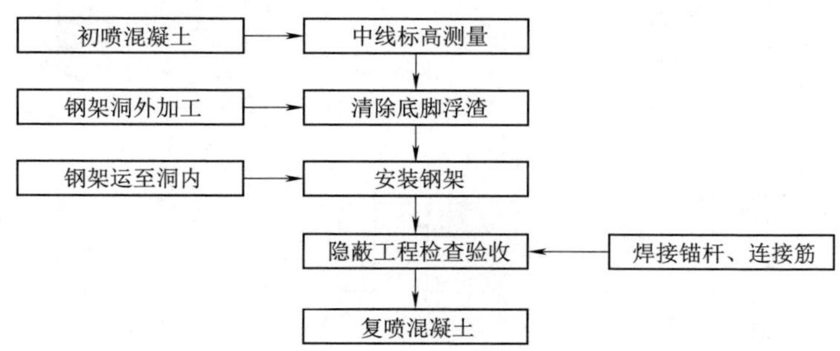

图 5.4－1　钢架安装施工工艺流程图

(2)施工操作要点

①本段隧道工程采用的型钢钢架主要为 I22a。根据设计图，设置钢拱架的节段数 4 个单元(A、B、C、D)共计 11 段，如图 5.4－2 所示，每榀钢拱架间距为 0.8 m。钢拱架之间用 ϕ22 mm 的 HRB335 钢筋焊接相连，纵向连接钢筋的环向间距为 0.5 m。钢架按设计预先在洞外钢构件场地加工成型，在洞内用螺栓连接成整体。型钢钢架采用冷弯成型。钢架加工焊接不得有假焊，焊缝表面不得有裂纹、焊瘤等缺陷。钢架在初喷混凝土后及时架设。

②钢架安装前清除基底虚渣及杂物。本工程格栅钢拱架严格按设计位置安装，钢架之间及时用钢筋纵向联结，钢架须垂直隧道中线，隧道横向竖直平面内，垂直度允许误差为±2°，确保安装后垂直。钢架拼装可在开挖面以外进行，各节钢架间以螺栓连接，连接板密

贴。钢架底脚置于牢固的基础上。钢架尽量密贴围岩并与锚杆焊接牢固，钢架之间按设计设置纵向连接筋连接。每榀钢架拱架架设完后，要进行质量评定，评定合格后方能进行喷混凝土作业。

③分部开挖法施工时，钢拱架拱脚打设锁脚锚杆或锁脚锚管。下半部开挖后钢架及时落底接长，封闭成环。钢架与喷混凝土形成一体，钢架与围岩间的间隙用喷混凝土充填密实；钢架全部喷射混凝土覆盖，保护层厚度满足设计要求。

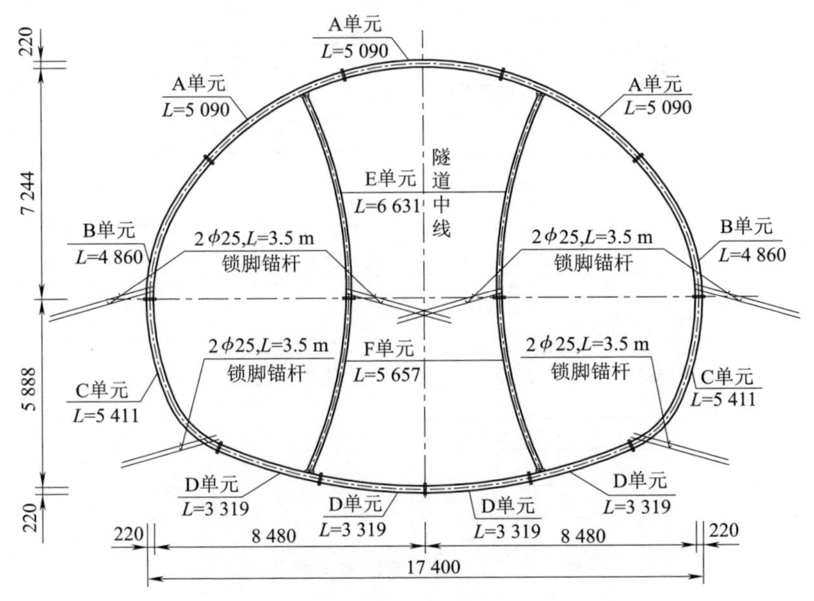

图 5.4－2　钢架及锁脚锚杆支护(单位:mm)

2. 钢筋网片施工

钢筋网挂网施工工艺与超大断面浅埋施工相同。

3. 侧壁临时支护施工

(1)施工工艺流程

两侧壁临时支护的钢架采用 I16 轻型工字钢，根据设计图，设置钢拱架的节段数为 2 个单元(E、F)共计 4 段，如图 5.4－3 所示，每楄钢架间距与主洞身钢架一致，且与洞身钢架以螺栓连接(接头处加设 3 mm 厚橡胶垫片)，洞身钢架架设后在相应位置焊接预埋钢板并预置螺栓，以便临时钢架连接，连接钢板接头处焊缝高度不小于 6 mm；相邻钢架采用 ϕ22 mm 的 HRB 钢筋连接，环向间距 1 m，焊接于钢架内翼缘处；左右两侧壁及中洞两侧上下层的拱脚锁脚锚杆各采用 2 根 ϕ25 mm 砂浆锚杆，L=3.5 m。钢架与初喷混凝土间要喷射密实、黏结。临时支护施工流程如图 5.4-3 所示。

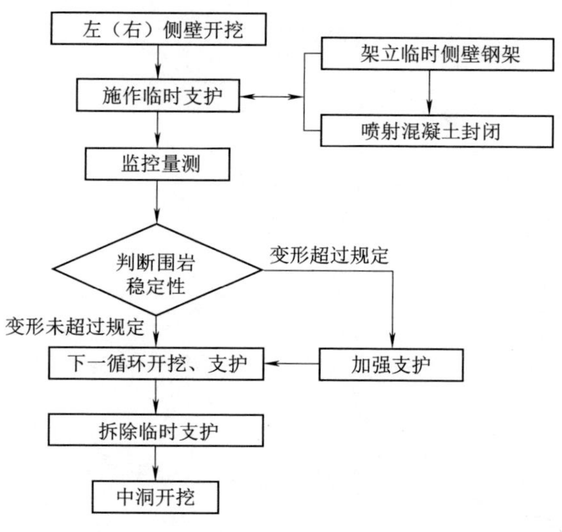

图 5.4-3　临时支护施工流程图

(2)施工操作要点

第一步：

①开挖左侧壁上层部分。

②施作左侧壁上层周边的初期支护及临时支护。即先初喷厚 4 cm的混凝土，再铺设钢筋网片，然后人工配合机械架立型钢钢架。钢架施作锁脚锚管，锁脚锚管设置于台阶钢架拱(墙)脚以上 30 cm 高度处，紧贴钢架两侧边沿按下倾角 25°打入，并于钢架牢固焊接。

拱脚采用钢垫板(规格为 200 mm×220 mm×16 mm)。同时,为保证拱脚基础牢固,防止拱顶下沉量过大,对拱脚位置采用槽钢或木板支垫。

③打设径向锚杆后复喷混凝土到设计厚度。左侧壁中洞边架立临时支护(I16 临时钢架),喷射 10 cm 混凝土封闭。开挖过程中,根据施工时围岩的地质情况及监控量测资料调整支护结构形式。

第二步:

①左侧壁下层部分,在滞后上层 3～4 个循环进尺距离后开挖。

②施作左侧壁下层周边的初期支护及临时支护。即先初喷厚 4 cm的混凝土,再铺设钢筋网片,然后人工配合机械架立型钢钢架。钢架施作锁脚锚管,锁脚锚管设置于台阶钢架拱(墙)脚以上 30 cm 高度处,紧贴钢架两侧边沿按下倾角 25°打入,并于钢架牢固焊接。拱脚采用钢垫板(规格为 200 mm×220 mm×16 mm)。同时,为保证拱脚基础牢固,防止拱顶下沉量过大,对拱脚位置采用槽钢或木板支垫。

第三步:

右侧壁上、下层开挖,对照第一、二步的过程进行临时支护的施工。

第四步:

①中洞上层开挖时,在滞后右侧壁上层 1～2 倍洞跨距离后,先拆除中洞上层两侧 3～4 榀 I16 临时钢架,再弱爆破配合机械进行中洞上层开挖,开挖进尺为 2 m 左右。

②中洞上层拱顶部分初喷厚 4 cm 混凝土。

③拱顶架立钢架、挂钢筋网片,打设径向锚杆后复喷混凝土到设计厚度。

第五步:

①中洞下层部分,在滞后上层 3～4 个循环进尺距离后开挖。

②中洞下层仰拱部分初喷厚 4 cm 混凝土。

③仰拱铺设钢筋网片,架立型钢钢架后复喷混凝土到设计厚度后,进行仰拱填充。

5.4.2 施作锚杆

1. 中空注浆锚杆

(1)施工工艺流程

中空注浆锚杆是一种可测长排气的中空注浆锚杆,包括锚头与锚杆体连接,锚杆体上还设有止浆塞、垫板以及紧固螺母,具有沿锚杆体轴向设置、位于锚杆体外侧,与锚杆体连接的测长排气管。测长排气管前端封头与锚头平齐,测长排气管后端开口、并伸出锚杆体,测长排气管管壁上遍布可阻止水泥砂浆进入的气孔。结构简单、使用方便,既可在锚杆施工后,方便地检查锚杆体真实长度,确保锚固施工质量,又可在注浆施工时排出锚孔的空气,有利于注浆施工的进行。

本段系统锚杆采用带排气装置的 ϕ25 mm 中空锚杆。锚杆设置钢垫板,垫板尺寸 150 mm×150 mm×6 mm。锚杆长度 L=4.0 m,在拱墙顶部 200°范围内按照 1.0 m×0.8 m 间距呈梅花形布设。中空注浆锚杆施工工艺流程如图 5.4-4 所示。

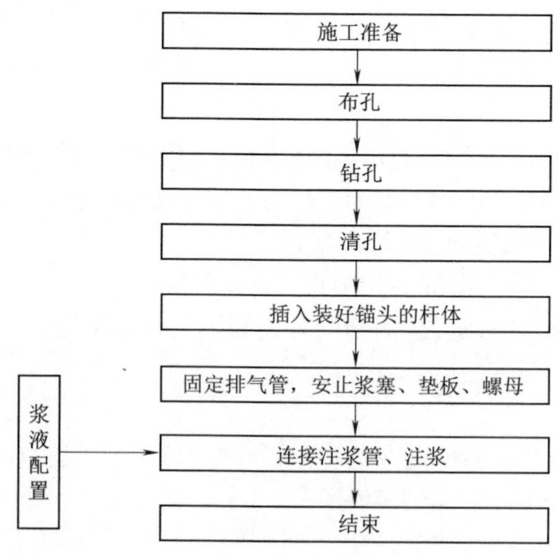

图 5.4-4 中空注浆锚杆施工工艺流程图

(2)施工操作要点

①中空锚杆孔使用手风钻钻孔，钻孔前根据设计要求定出孔位，钻孔保持直线并与所在部位岩层结构面尽量垂直，钻孔直径 ϕ42 mm，钻孔深度大于锚杆设计长度 10 cm。

②中空注浆锚杆施工程序如下：钻孔完成后，用高压风吹净孔内岩屑；将锚头与锚杆端头组合后送入孔内，直达孔底；固定好排气管，将止浆塞穿入锚杆末端与孔口齐平并与杆体固紧；锚杆末端戴上垫板，然后拧紧螺母；采用锚杆专用注浆泵向中空锚杆内压注水泥浆，水泥浆的配合比为 1∶0.3～1∶0.4，注浆压力为 1.2 MPa，水泥浆随拌随用。

2. 砂浆锚杆

(1)施工工艺流程

隧道锁脚锚杆采用 ϕ25 mm 直径的砂浆锚杆，锚杆长度 L=3.5 m，在图 5.4-2 所示位置布设 6 对共 12 根锁脚锚杆。施工工艺流程如图 5.4-5 所示。

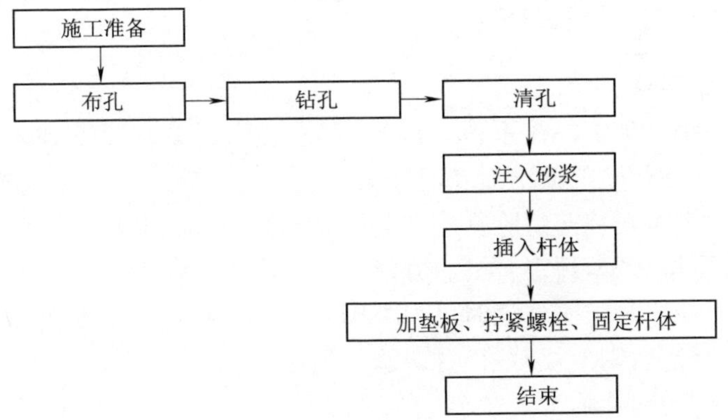

图 5.4-5　砂浆锚杆施工工艺流程图

(2)施工操作要点

①锚杆施工前准备工作：

检查锚杆类型、规格、质量及其性能是否与设计相符。

根据锚杆类型、规格及围岩情况准备钻孔机具。

②钻孔：

砂浆锚杆钻孔采用手风钻钻孔，孔眼间距、深度和布置符合设计参数的要求，其钻孔方向为外倾角 20°～30°。

③锚杆安装及注浆：

砂浆锚杆由人工配合机械安装，采用砂浆锚杆专用注浆泵往孔内压注早强水泥浆，砂浆配合比(质量比)：砂灰比宜为 1∶1～1∶2，水灰比宜为 0.38～0.45。

④注浆开始或中途超过 30 min 时应用水润滑注浆管路。注浆孔口压力不得大于 0.4 MPa。

5.4.3 喷射混凝土

喷射混凝土繁荣施工工艺流程及施工操作要点与超大断面浅埋隧道喷射混凝土相同。

5.4.4 初期支护质量控制

1. 钢架施工

(1)钢架加工焊接不得有假焊，焊缝表面不得有裂纹、焊瘤等缺陷。钢架在初喷混凝土后及时架设。

(2)钢架安装前清除基底虚渣及杂物。每榀钢架拱架架设完后，要进行质量评定，评定合格后方能进行喷混凝土作业。

(3)分部开挖法施工时，钢拱架拱脚打设锁脚锚杆或锁脚锚管。下半部开挖后钢架及时落底接长，封闭成环。

2. 钢筋网片施工

(1)挂网使用的钢筋须经试验检测合格，使用前进行除锈，在洞外钢筋加工厂区制作成钢筋网片，保证环向和纵向钢筋间距均匀，位置准确。

(2)人工铺设钢筋网，安装时搭接长度 1～2 个网格，贴近岩面铺设并与锚杆和钢架焊接牢固。钢筋网要与锚杆、钢架或其他固定件连接牢固，保证喷射混凝土时不晃动。

(3)喷混凝土时，减小喷头至受喷面距离和控制风压，以减少钢筋网振动，降低回弹，钢筋网片要有 3～5 cm 的保护层。

3. 施作锚杆

(1)检查锚杆类型、规格、质量及其性能是否与设计相符。

(2)中空锚杆孔使用手风钻钻孔，钻孔前根据设计要求定出孔位，钻孔保持直线并与所在部位岩层结构面尽量垂直，钻孔直径 ϕ42 mm，钻孔深度大于锚杆设计长度 10 cm。

(3)注浆开始或中途超过 30 min 时应用水润滑注浆管路。注浆孔口压力不得大于 0.4 MPa。

5.5　施工数值模拟

5.5.1　计算工况

针对该大断面浅埋偏压隧道，提出了具体的优化工法，对其进行数值计算。隧道断面形式为超扁平隧道，为 G-2 型衬砌形式。开挖跨度达 17.33 m，开挖高度达 13.502 m，毛洞开挖面积达 187.90 m^2，最大埋深 25.6 m，属浅埋隧道。为了保证隧道的工期，采用双侧壁法开挖，掘进循环进尺 2 m。具体的开挖工况如图 5.5－1 所示。

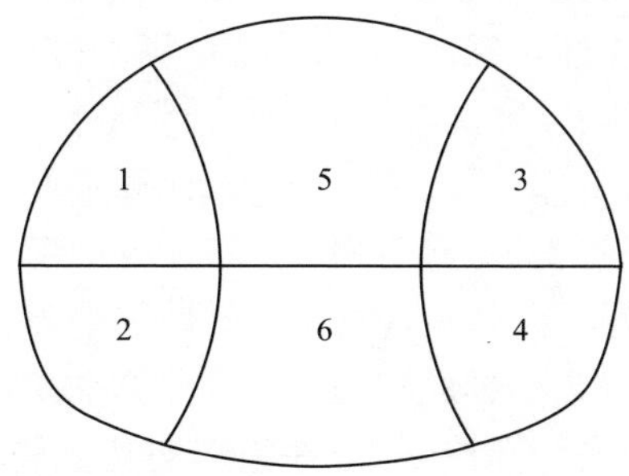

图 5.5－1　双侧壁法开挖示意图

5.5.2 材料的参数选取

岩土体物理力学材料根据安托山停车场地质钻孔勘察报告中的参数取值，具体取值见表 4.3，混凝土材料、钢材参数按照相关规范及经验取值，钢材的计算参数参照等效刚度原则换算成混凝土。

5.5.3 双线单洞隧道断面数值计算结果

本施工运用 FLAC3D 数值模拟软件建立三维地质模型，采用双侧壁法开挖工况，根据 D-2 型断面形式的尺寸，考虑隧道开挖的影响范围，其模型尺寸如图 5.5－2 所示，计算模型如图 5.5－3 所示，岩体模拟成实体单元，二衬及初支都是衬砌单元，计算模型如图 5.5－2、图 5.5－3 所示。

1. 特大断面浅埋隧道双侧壁法模拟施工步骤

(1)建立模型，在自重场下计算平衡；

(2)开挖隧道 1 部，释放应力 30%，计算平衡；

(3)施作 1 部初支，释放应力 40%，计算平衡；

(4)开挖隧道 2 部，释放应力 30%，计算平衡；

(5)施作 2 部初支，释放应力 40%，计算平衡；

(6)开挖隧道 3 部，释放应力 30%，计算平衡；

(7)施作 3 部初支，释放应力 40%，计算平衡；

(8)开挖隧道 4 部，释放应力 30%，计算平衡；

(9)施作 4 部初支，释放应力 40%，计算平衡；

(10)开挖隧道 5 部，释放应力 30%，计算平衡；

(11)施作 5 部初支，释放应力 40%，计算平衡；

(12)开挖隧道 6 部，释放应力 30%，计算平衡；

(13)施作 6 部初支，释放应力 40%，计算平衡；

(14)同步连续错开开挖各部，并施作初期支护；

(15)施作隧道二次衬砌，应力完全释放，计算平衡。

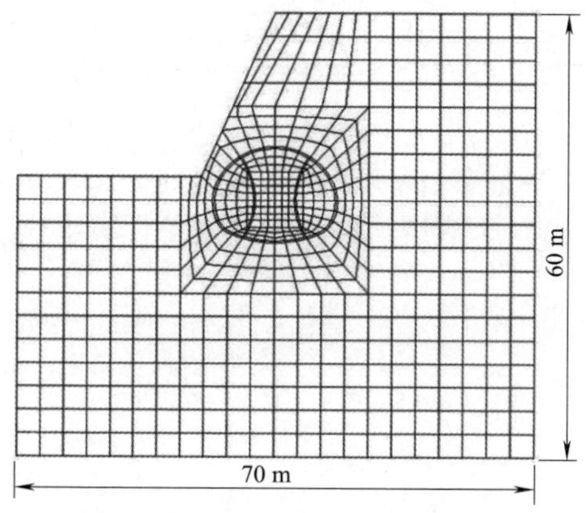

图 5.5-2　模型尺寸示意图

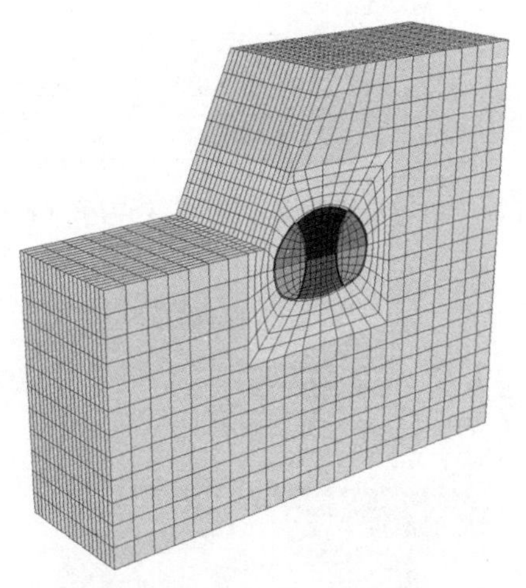

图 5.5-3　计算模型

2. 双侧壁法模拟计算结果

G-2 型断面形式隧道采用双侧壁法施工全过程模拟，从围岩和初支受力等分析结果发现，各部的开挖引起的内力及地层变形均在规范允许的范围内，具体开挖模拟结果分析如图 5.5-4 所示。

如图 5.5－4 所示，初始地应力的不平衡力很快就达到计算所要求的范围内，说明了模型建立符合实际地质信息，边界条件满足计算要求；再从初始地应力竖向应力云图 5.5－5 可知，地层的应力基本上是按照水平分层分布，说明了模型网格划分比较均匀，并没有出现突变与畸形单元，这为后续的隧道开挖支护计算提供了先决条件。

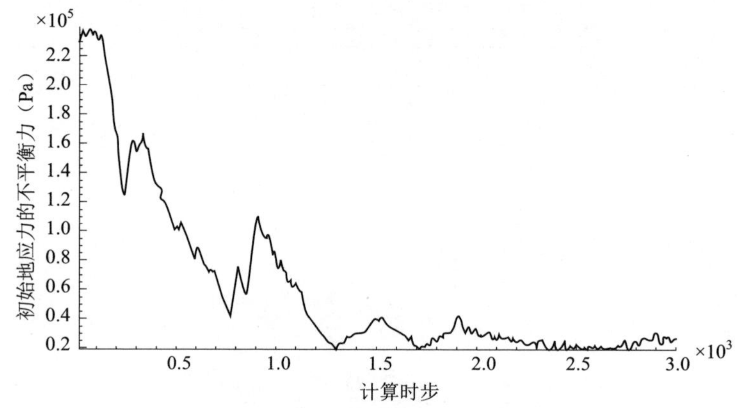

图 5.5－4　初始地应力的不平衡力变化曲线

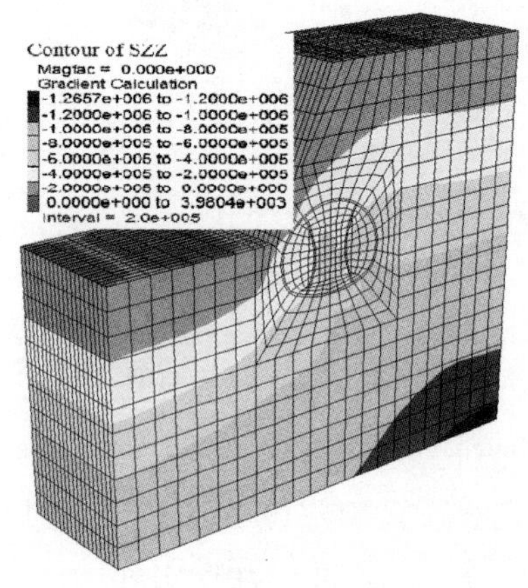

图 5.5－5　初始地应力竖向应力云图

如图 5.5－6～图 5.5－8 所示，1 部开挖后，采取的隧道预加固措施起到了良好的效果，由竖向位移云图可知，上 1 部开挖后，经过应力释放及围岩应力重分布，施作初期支护抑制围岩变形，使得围岩的竖向位移仅为 10.99 mm，满足地铁隧道施工的围岩变形控制要求。再由 1 部开挖后的塑性区分布云图可知，1 部的开挖，对浅埋隧道的地表有着较大的影响，隧道上方及其周边围岩都发生了剪切屈服或拉伸屈服塑性区，特别是隧道拱顶正上方和浅埋偏压处的地表出现了剪切屈服破坏，这与现场的实际监测数据反映的变形一致。从 1 部剪应变增量云图可知，施作的初期支护承受了较大的剪应力，这与工法优化中加强初期支护的方案吻合。

如图 5.5－9 所示，当 2 部开始开挖时，隧道的围岩变形均随着 2 部的开挖不断增大，其中竖向位移在开挖中达到了 14.43 mm，但仍处于可控范围内。由图 5.5－10 和图 5.5－11 可知，2 部开挖对围岩进行了二次扰动，加大了围岩塑性区的范围，隧道未开挖部分及围岩剪切破坏范围扩大；初期支护承担了全部的剪应力，最大的剪应力发生在隧道左上拱顶及支护处，表明了隧道围岩变形的控制重点区域。

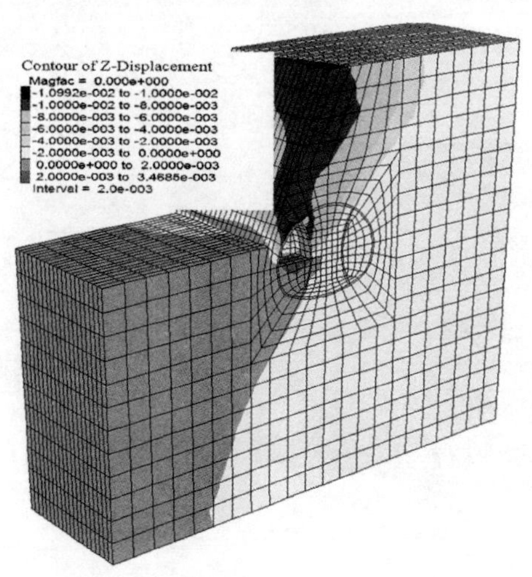

图 5.5－6　1 部开挖后竖向位移

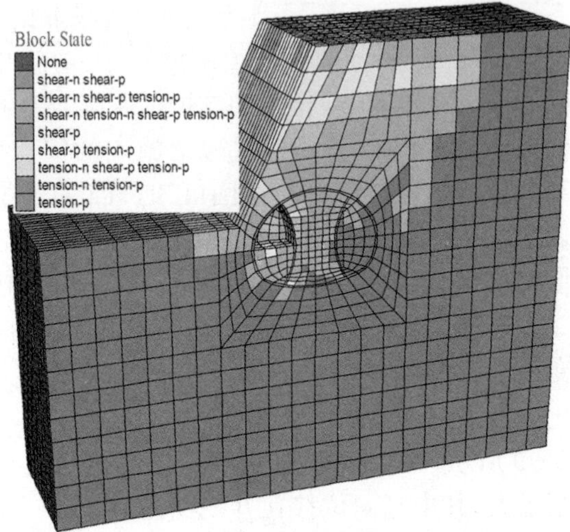

图 5.5－7　1部开挖后塑性区分布

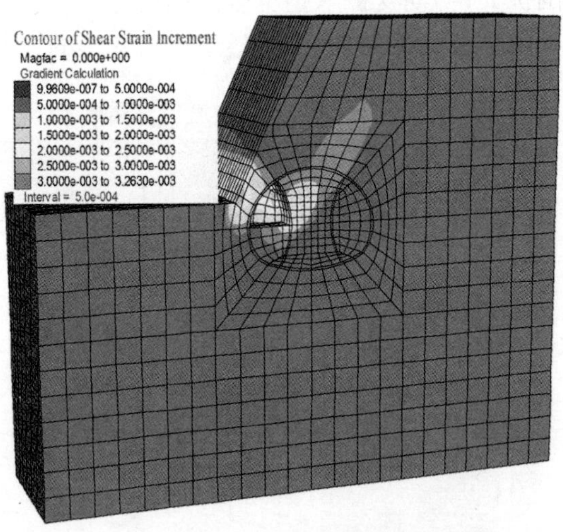

图 5.5－8　1部剪应变增量云图

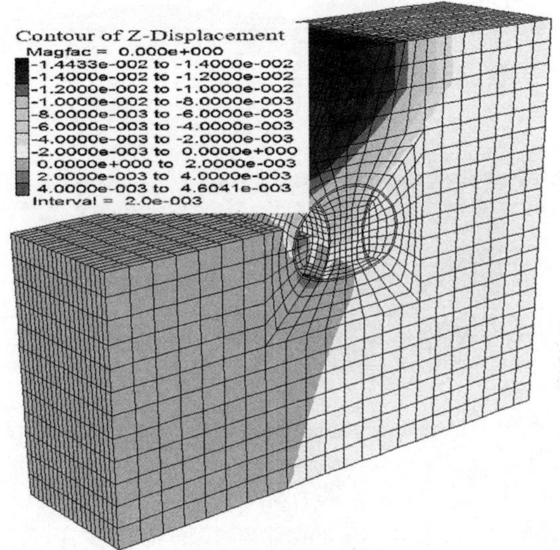

图 5.5-9　2部开挖后竖向位移云图

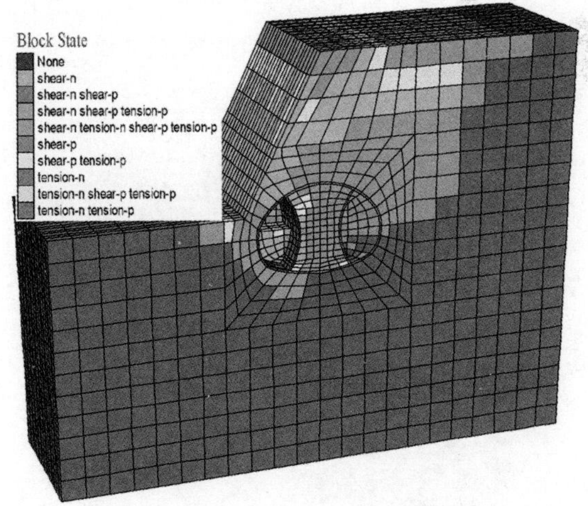

图 5.5-10　2部开挖后塑性区分布

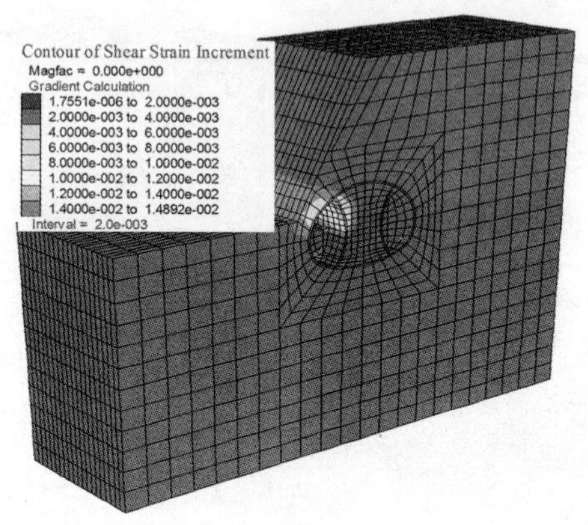

图 5.5－11　2 部开挖后剪应力增量云图

如图 5.5－12 所示，当 3 部开始开挖时，隧道的围岩变形均随着 3 部的开挖不断增大，其中竖向位移在开挖中达到了 23.97 mm，仍处于可控范围之内。由图 5.5－13 和图 5.5－14 可知，3 部开挖对围岩进行了二次扰动，加大了围岩塑性区的范围，隧道右下部出现屈服；初期支护承担了全部的剪应力，最大的剪应力发生在隧道 1、2 部侧壁支护处，表明了隧道围岩变形的控制重点区域。

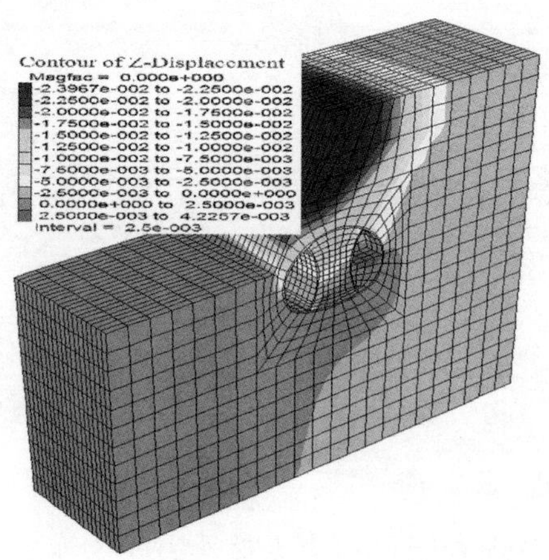

图 5.5－12　3 部开挖后竖向位移云图

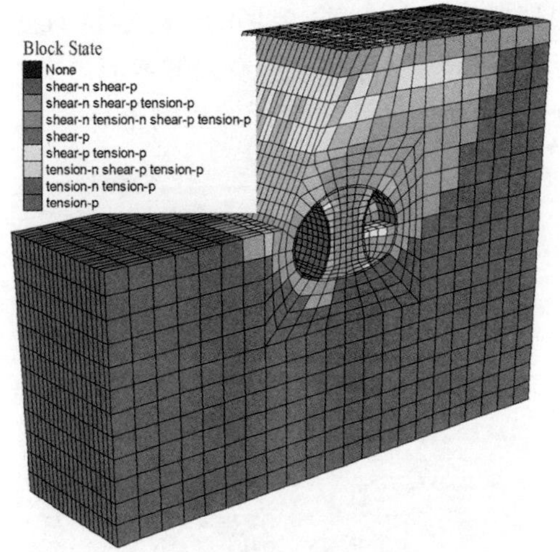

图 5.5 - 13　3 部开挖后塑性区分布

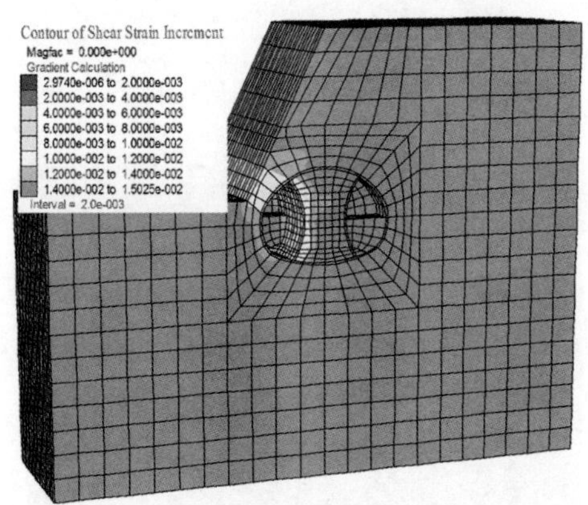

图 5.5 - 14　3 部开挖后剪应力增量云图

如图 5.5 - 15 所示，当 4 部开始开挖时，隧道的围岩变形均随着 4 部的开挖不断增大，其中竖向位移在开挖中达到了 31.61 mm，满足地铁隧道施工的围岩变形控制要求。由图 5.5 - 16 和图 5.5 - 17 可知，4 部开挖对围岩进行了二次扰动，加大了围岩塑性区的范围，隧道右下围岩屈服范围扩大，与现场的实际监测数据反映的变形一致；初期支护承担了全部的剪应力，最大的剪应力发生在隧道 1、2、3 部侧壁支护处，表明了隧道围岩变形的控制重点区域。

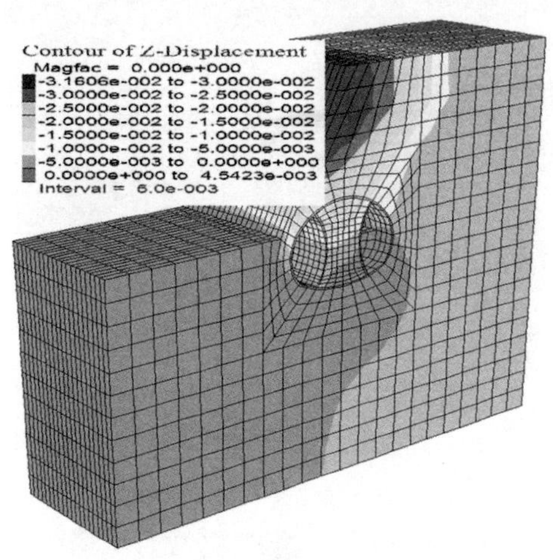

图 5.5－15　4 部开挖后竖向位移云图

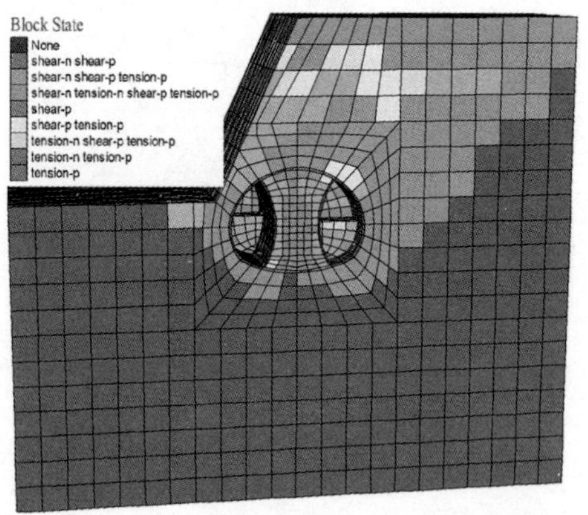

图 5.5－16　4 部开挖后塑性区分布

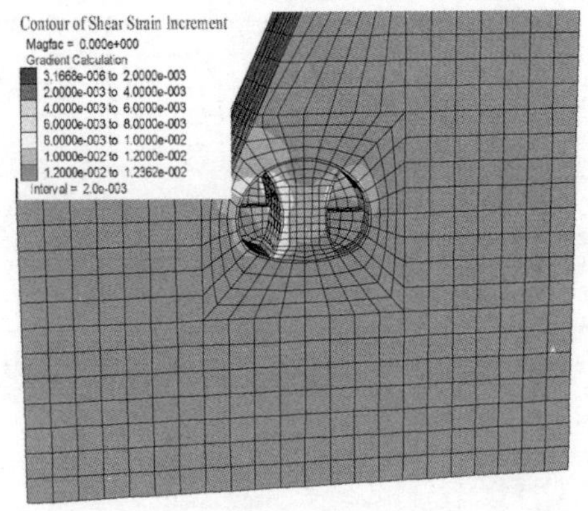

图 5.5－17　4 部开挖后剪应力增量云图

如图 5.5－18 所示，当 5 部开始开挖时，隧道的围岩变形均随着 5 部的开挖不断增大，其中竖向位移在开挖中达到了 34.16 mm，满足地铁隧道施工的围岩变形控制要求。由图 5.5－19 和图 5.5－20 可知，5 部开挖对围岩进行了二次扰动，加大了围岩塑性区的范围，隧道拱顶出现拉伸变形，隧道底部塑性区贯通，与现场的实际监测数据反映的变形一致；初期支护承担了全部的剪应力，最大的剪应力发生在隧道拱顶处，表明了隧道围岩变形的控制重点区域。

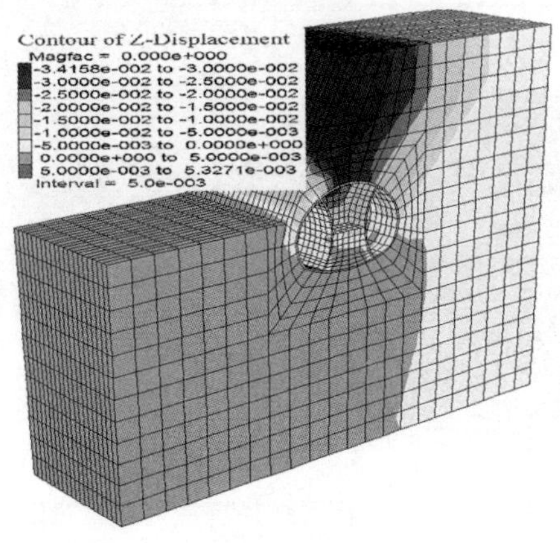

图 5.5－18　5 部开挖后竖向位移云图

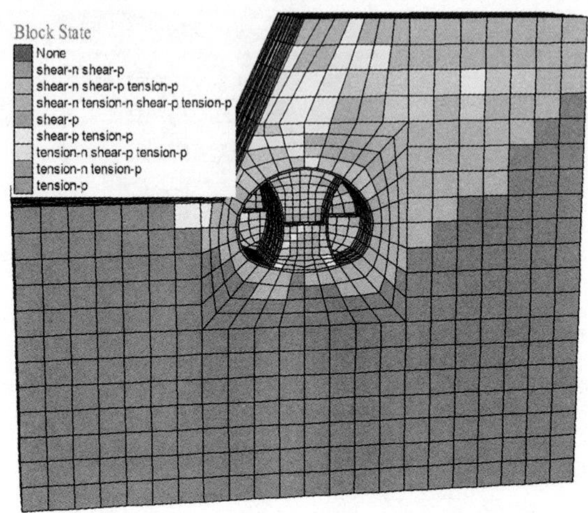

图 5.5-19　5 部开挖后塑性区分布

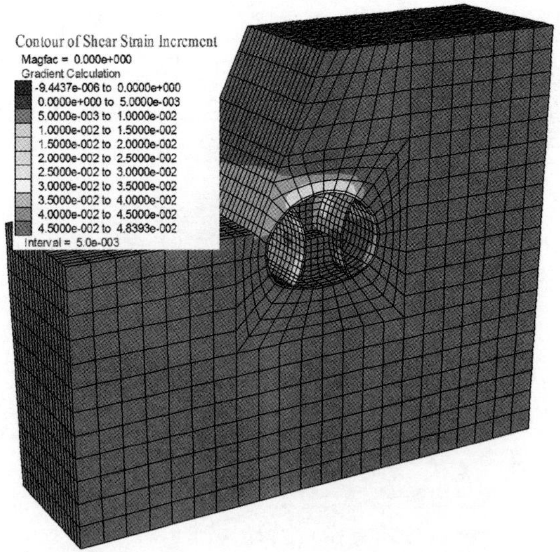

图 5.5-20　5 部开挖后剪应力增量云图

如图 5.5－21 所示，当 6 部开始开挖时，隧道的围岩变形均随着 6 部的开挖不断增大，其中竖向位移在开挖中达到了 44.56 mm，满足地铁隧道施工的围岩变形控制要求。由图 5.5－22 和图 5.5－23 可知，6 部开挖对围岩进行了二次扰动，加大了围岩塑性区的范围，隧道拱顶出现拉伸变形，隧道底部剪切屈服扩大，塑性区贯通，与现场的实际监测数据反映的变形一致；初期支护承担了全部的剪应力，最大的剪应力发生在隧道拱顶处，表明了隧道围岩变形的控制重点区域。

如图 5.5－24 所示，当全部开挖后，隧道的围岩变形均随着开挖不断增大，其中竖向位移在开挖中达到了 44.06 mm，满足地铁隧道施工的围岩变形控制要求。由图 5.5－25 和图 5.5－26 可知，开挖对围岩进行了二次扰动，加大了围岩塑性区的范围，隧道拱顶出现拉伸变形，隧道底部剪切屈服扩大，与现场的实际监测数据反映的变形一致；初期支护承担了全部的剪应力，最大的剪应力发生在隧道拱顶处，表明了隧道围岩变形的控制重点区域。

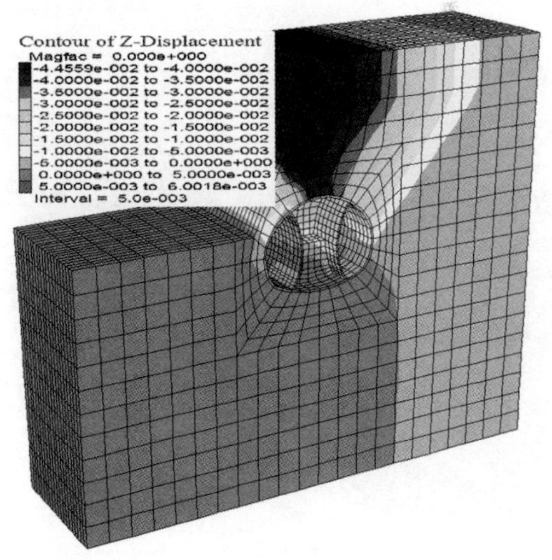

图 5.5－21　6 部开挖后竖向位移云图

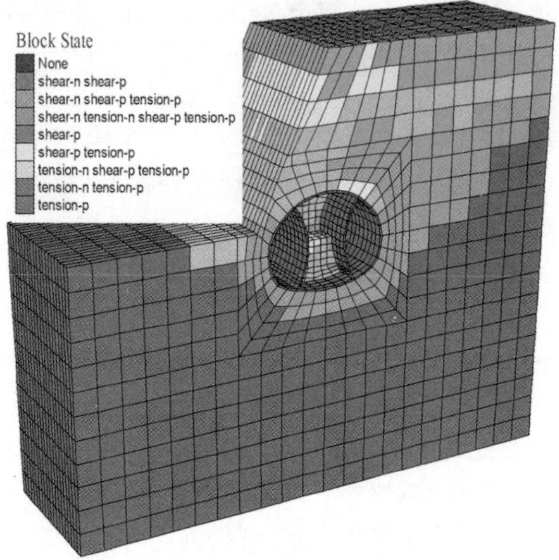

图 5.5-22　6 部开挖后塑性区分布

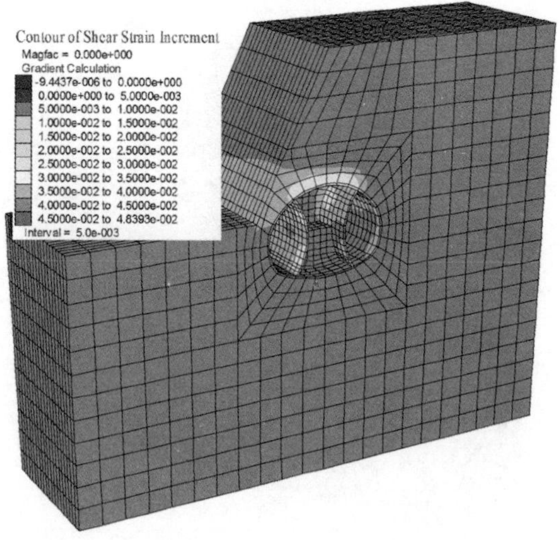

图 5.5-23　6 部开挖后剪应力增量云图

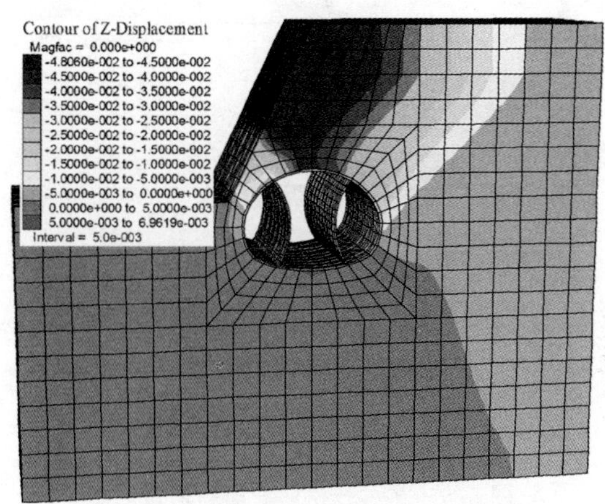

图 5.5-24　全部开挖后竖向位移云图

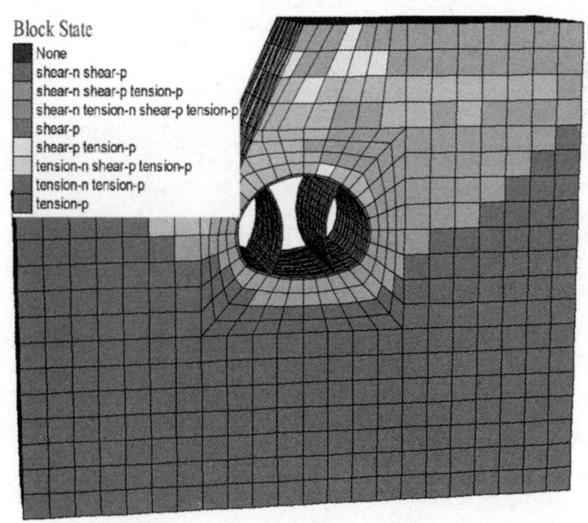

图 5.5-25　全部开挖后塑性区分布

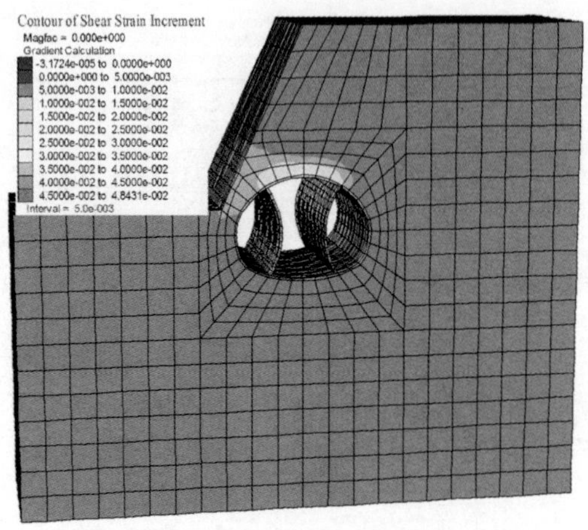

图 5.5-26　开挖后剪应力增量云图

根据图 5.5-27 可知，当隧道上下台阶开挖完成后，隧道的最大主应力发生在隧道的拱顶处，为 3.5 MPa。与浅埋隧道超前预加固的措施保持了一致的结论，说明优化后的开挖方法及加固处理措施满足该区域的施工要求。

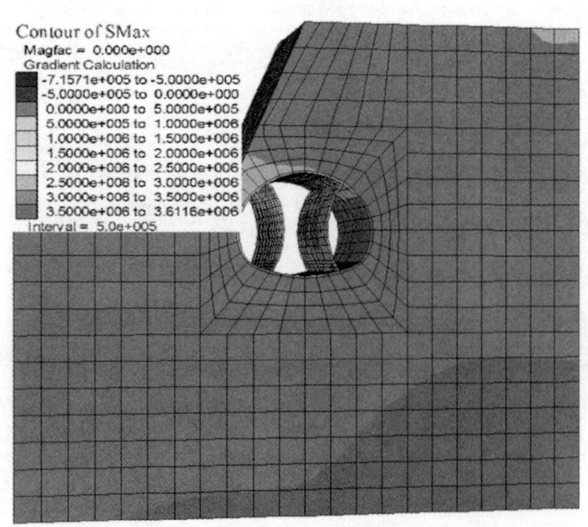

图 5.5-27　开挖完成后最大主应力云图

5.6　监控量测与地表沉降分析

5.6.1　监测方案

1. 监测要求

地铁施工监测项目有：地表沉降、地下水位、土体位移、横通道拱顶沉降、横通道净空收敛、建筑物、裂缝监测等。根据相关规范和设计要求及现场实际情况相结合，进行监测。具体控制值和监测频率见表3.5-1。

在监测过程中根据以下的实际情况适当改变观测频率，具体情况见表3.5-2。

2. 监测方案

水准基点的埋设、地面沉降监测方法及技术要求与超大断面浅埋隧道相同。

5.6.2　地表沉降分析

1. 最大沉降量横向曲线形状分析

取一个断面上的十一个监测点进行分析，所取对象为该区间埋深最小一个断面，所选断面为D1＋500断面1：该断面各点总体沉降累计值比较稳定，沉降累计值都集中在30 mm左右，其中沉降最大的点主要是在以隧道中心的监测点D1＋500-6。该断面各点累计监测最大沉降值见表5.6-1。

表5.6-1　D1＋500断面地表各点监测累计最大沉降值

断面1	1	2	3	4	5	6	7	8	9	10	11
沉降(mm)	10.99	18.22	31.43	40.61	44.22	43.24	38.83	31.56	22.76	15.22	9.52

根据监测所得的数据，绘出D1＋500断面地表各点监测最大沉

降量横向曲线分布图，如图 5.6－1 所示。

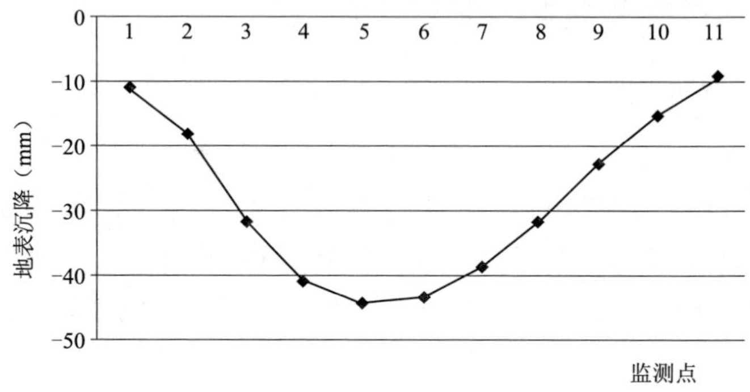

图 5.6－1　D1＋500 断面地表各点监测最大沉降量横向曲线分布图

从图 5.6－1 可以发现，D1＋500 断面地表各点监测最大沉降量横向曲线有如下规律：

(1)横断面上最大沉降量出现在点号为 D1＋500-6 的点附近，即地铁隧道的中心正上方附近，且沉降量隧道中线两边逐渐减小，形成一条沉降槽曲线；

(2)沉降槽曲线大致呈正态分布曲线即高斯线；

(3)沉降影响范围约为隧道中线两侧各 30 m；

(4)隧道中线两侧所对应的对称点沉降量有所差别，因地形等原因左侧沉降量总体上变化较大，右侧则相对较缓。

2. 回归分析及预测

根据沉降累计变化量时态图中反应的位移与时间的关系，可以直观地看出地表沉降的变化情况，但由于人为误差、周边环境因素干扰在基坑工程施工中的干扰，监测点的量测数据有一定的离散性，因而在沉降累计变化图中散点数据会上下波动，规律不明显，难以分析和应用。为将沉降变形的发展规律具体化，这里对现场相关监测数据利用计算机进行回归分析，为地铁车站施工提供反馈和预测信息，指导科学和安全施工。

目前进行回归分析时，根据监测数据散点的分布规律可选用指数函数、对数函数和双曲函数。

监测断面 D1＋500 监测点 6 的地表沉降部分量测数据见表 5.6－2。

表 5.6－2 监测点 D1＋500-6 的地表沉降

时间(d)	0	1	2	3	4	5	6	7	8	9	10
地表沉降(mm)	0	10.99	14.43	18.32	21.36	23.34	24.99	27.03	29.17	31.41	32.93

将表中数据在 Excel 中绘制成位移—时间曲线图，如图 5.6－2 所示。

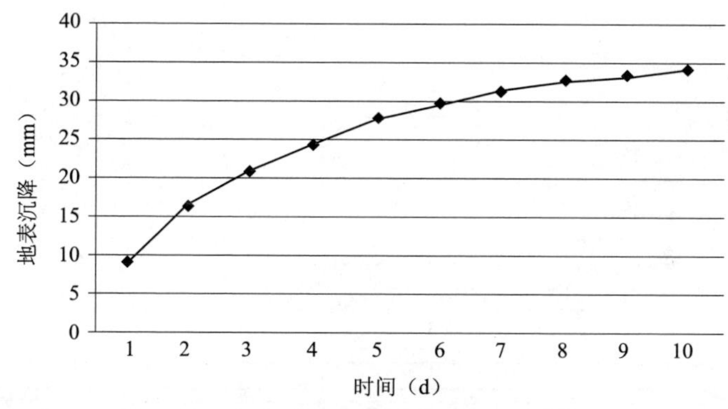

图 5.6－2 地表沉降实测数据曲线图

根据位移—时间曲线的走向合理性的选择指数函数公式 $u=a\times e^{-b/t}$ 作回归函数进行回归分析（若不能明确选择，可将以上函数分别进行回归分析，取拟合最优）。将非线性的指数函数线性化，两边同时取对数得：$\ln u=\ln a-\frac{b}{t}$，令 $u_1=\ln u, t_1=-\frac{1}{t}$，则：$u_1=\ln a+bt_1$。在 Excel 中编辑公式进行计算，见表 5.6－3。

表 5.6-3 计 算 表

时间 t(d)	1	2	3	4	5	6	7	8	9	10
地表沉降 u (mm)	8.99	16.43	20.78	24.36	27.34	29.47	31.17	32.41	33.08	33.92
$t_1=-\frac{1}{t}$ (d^{-1})	−1.00	−0.50	−0.33	−0.25	−0.20	−0.17	−0.14	−0.13	−0.11	−0.10
$u_1=\ln u$ (mm)	2.20	2.80	3.03	3.19	3.31	3.38	3.44	3.48	3.50	3.52

应用 Excel“数据分析功能”中“回归”对表中数据进行回归分析，得到回归分析结果如图 5.6-3 所示。

SUMMARY OUTPUT

回归统计	
Multiple	0.990646
R Square	0.98138
Adjusted	0.979053
标准误差	0.060422
观测值	10

方差分析

	df	SS	MS	F	gnificance F
回归分析	1	1.539381	1.539381	421.6487	3.31E-08
残差	8	0.029207	0.003651		
总计	9	1.568588			

	Coefficien	标准误差	t Stat	P-value	Lower 95%	Upper 95%	下限 95.0%	上限 95.0%
Intercept	3.622363	0.028597	126.671	1.69E-14	3.556419	3.688307	3.556419	3.688307
X Variabl	1.491616	0.072641	20.53409	3.31E-08	1.324105	1.659126	1.324105	1.659126

图 5.6-3 指数函数回归分析结果

从回归分析结果知 Intercept 截距 $\ln a=3.622$，则 $a=37.42$，斜率 X Variable 斜率 $b=1.492$，代入公式 $u=a\times e^{-b/t}$，得到指数回归方程：$u=37.42\times e^{-1.491\,616/t}$。

根据测试数据做出拟合曲线，如图 5.6-4 所示。

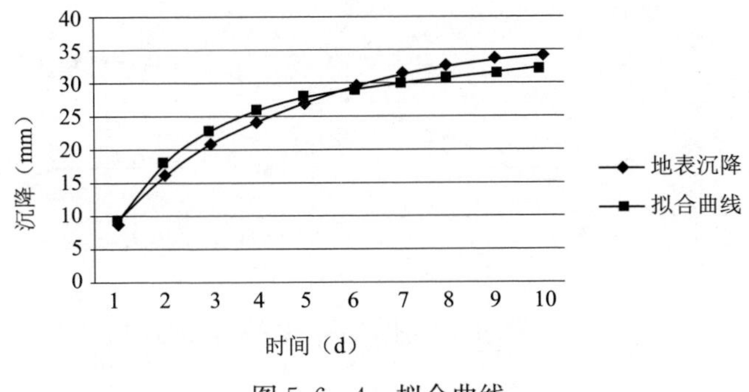

图 5.6-4 拟合曲线

同时，可以从图 5.6-3 中得出相关系数 $r^2=0.98138$，满足回归精度要求，在式 $u=37.42\times e^{-1.491616/t}$ 中取 $t=30$，得到第 30 天预测沉降 $u=35.60$ mm，与实际沉降监测结果 37.22 mm 相差不大，当 $t=\infty$，一段期限内最大沉降为 $u=37.42$ mm，也在预警值之内，说明监测开始期间内地表沉降未出现异常。

5.6.3 侧壁导坑变形分析

1. 左侧导坑变形分析

监测点 3 左侧导坑水平变形的部分量测数据见表 5.6-4。

表 5.6-4 左侧导坑的水平变形

时间(d)	0	1	2	3	4	5	6	7	8	9	10
实测左侧导坑位移(mm)	0.00	3.66	4.81	6.01	8.19	9.57	10.22	11.88	12.42	13.15	13.87
时间(d)	11	12	13	14	15	—	—	—	—	—	—
实测左侧导坑位移(mm)	14.51	14.99	15.22	15.55	15.68	—	—	—	—	—	—

将表中数据在 Excel 中绘制成位移—时间曲线图，如图 5.6-5 所示。

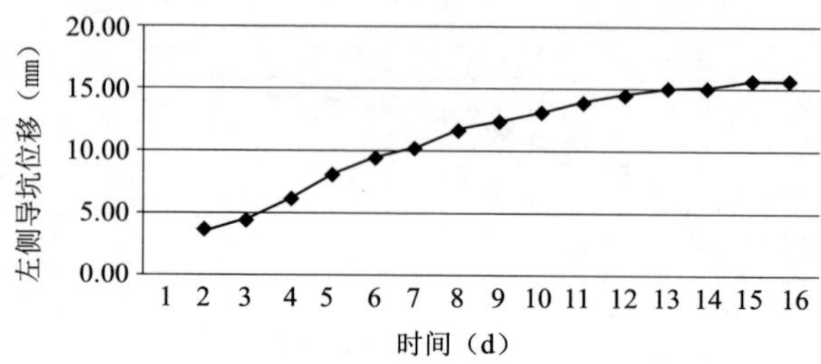

图 5.6－5 左侧导坑的水平变形实测数据曲线图

根据位移—时间曲线的走向合理性的选择指数函数公式 $u=a\times e^{-b/t}$作回归函数进行回归分析(若不能明确选择,可将以上函数分别进行回归分析,取拟合最优)。将非线性的指数函数线性化。在 Excel 中编辑公式进行计算,见表 5.6－5。

表 5.6－5 计 算 表

时间 t(d)	1	2	3	4	5	6	7	8	9	10
侧向变形 u (mm)	3.66	4.81	6.01	8.19	9.57	10.22	11.88	12.42	13.15	13.87
$t_1=-\frac{1}{t}$ (d^{-1})	−1.00	−0.50	−0.33	−0.25	−0.20	−0.17	−0.14	−0.13	−0.11	−0.10
$u_1=\ln u$ (mm)	1.30	1.57	1.79	2.10	2.26	2.32	2.47	2.52	2.58	2.63
时间 t(d)	11	12	13	14	15					
侧向变形 u (mm)	14.51	14.99	15.22	15.55	15.68					
$t_1=-\frac{1}{t}$ (d^{-1})	−0.09	−0.08	−0.08	−0.07	−0.07					
$u_1=\ln u$ (mm)	2.67	2.71	2.72	2.74	2.75					

应用 Excel“数据分析功能”中“回归”对表中数据进行回归分析，得到回归分析结果如图 5.6－6 所示。

SUMMARY OUTPUT								
回归统计								
Multiple	0.919419							
R Square	0.845331							
Adjusted	0.833434							
标准误差	0.187578							
观测值	15							
方差分析								
	df	SS	MS	F	gnificance F			
回归分析	1	2.49994	2.49994	71.0506	1.26E-06			
残差	13	0.45741	0.035185					
总计	14	2.95735						
	Coefficien	标准误差	t Stat	P-value	Lower 95%	Upper 95%	下限 95.0%	上限 95.0%
Intercept	2.723454	0.066182	41.15124	3.72E-15	2.580478	2.866431	2.580478	2.866431
X Variabl	1.718611	0.203889	8.429152	1.26E-06	1.278136	2.159087	1.278136	2.159087

图 5.6－6　指数函数回归分析结果

从回归分析结果知 Intercept 截距 $\ln a = 2.723\ 5$，则 $a = 15.233\ 5$，斜率 X Variable 斜率 $b = 1.718\ 6$，代入公式 $u = a \times e^{-b/t}$，得到指数回归方程：$u = 15.233\ 5 \times e^{-1.718\ 611/t}$，根据测试数据做出拟合曲线，如图 5.6－7 所示。

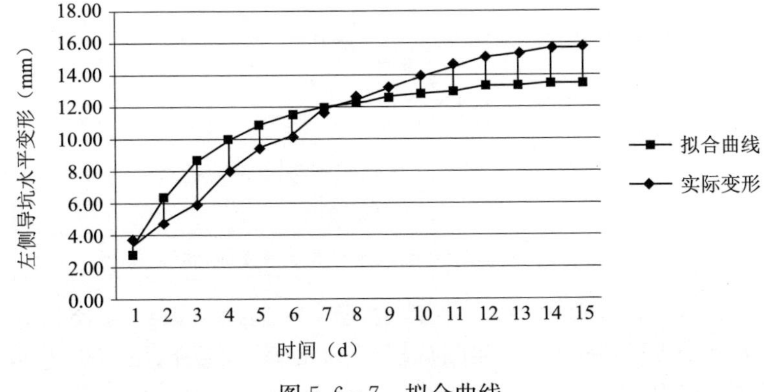

图 5.6－7　拟合曲线

同时，可以从图 5.6－6 中得出相关系数 $r^2=0.845\ 331$，满足回归精度要求，在式 $u=15.233\ 5\times e^{-1.718\ 611/t}$ 中取 $t=30$，得到第 30 天预测变形 $u=14.376$ mm，与实际变形监测结果 16.268 mm 相差不大，当 $t=\infty$，一段期限内最大变形为 $u=15.233\ 5$ mm，也在预警值之内，说明监测开始期间内左侧导坑水平变形未出现异常。

2. 右侧导坑变形分析

监测点 7 右侧导坑水平变形的部分量测数据见表 5.6－6。

表 5.6－6　右侧导坑的水平变形

时间(d)	0	1	2	3	4	5	6	7	8	9	10
实测左侧导坑位移(mm)	0.00	2.93	3.85	4.81	6.55	7.66	8.18	9.50	9.94	10.52	11.10
时间(d)	11	12	13	14	15	—	—	—	—	—	—
实测左侧导坑位移(mm)	11.61	11.99	12.18	12.44	12.54	—	—	—	—	—	—

将表中数据在 Excel 中绘制成位移—时间曲线图，如图 5.6－8 所示。

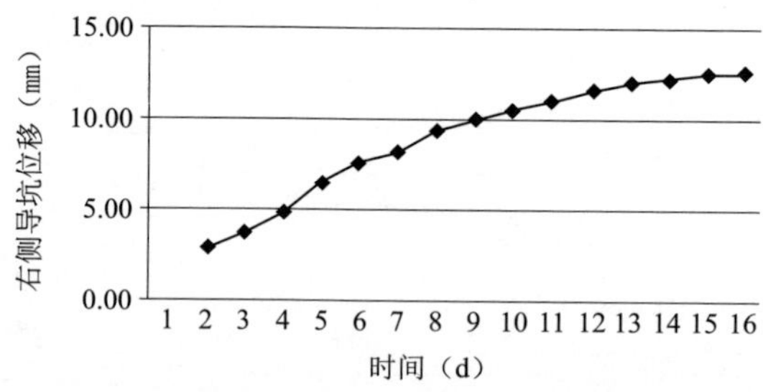

图 5.6－8　左侧导坑的水平变形实测数据曲线图

根据位移—时间曲线的走向合理性的选择指数函数公式 $u=a\times e^{-b/t}$ 作回归函数进行回归分析(若不能明确选择，可将以上函数分别进行回归分析，取拟合最优)。将非线性的指数函数线性化。在

Excel 中编辑公式进行计算，见表 5.6－7。

表 5.6－7　计　算　表

时间 t(d)	1	2	3	4	5	6	7	8	9	10
侧向变形 u (mm)	2.93	3.85	4.81	6.55	7.66	8.18	9.50	9.94	10.52	11.10
$t_1=-\frac{1}{t}$ (d^{-1})	−1.00	−0.50	−0.33	−0.25	−0.20	−0.17	−0.14	−0.13	−0.11	−0.10
$u_1=\ln u$ (mm)	1.07	1.35	1.57	1.88	2.04	2.10	2.25	2.30	2.35	2.41
时间 t(d)	11	12	13	14	15					
侧向变形 u (mm)	11.61	11.99	12.18	12.44	12.54					
$t_1=-\frac{1}{t}$ (d^{-1})	−0.09	−0.08	−0.08	−0.07	−0.07					
$u_1=\ln u$ (mm)	2.45	2.48	2.50	2.52	2.53					

应用 Excel“数据分析功能”中“回归”对表中数据进行回归分析，得到回归分析结果如图 5.6－9。

SUMMARY OUTPUT

回归统计	
Multiple	0.931719
R Square	0.857631
Adjusted	0.845734
标准误差	0.199878
观测值	15

方差分析

	df	SS	MS	F	gnificance F
回归分析	1	2.51224	2.51224	71.0629	1.24E-06
残差	13	0.46971	0.047485		
总计	14	2.96965			

	Coefficien	标准误差	t Stat	P-value	Lower 95%	Upper 95%	下限 95.0%	上限 95.0%
Intercept	2.500311	0.066182	37.77955	1.12E-14	2.357334	2.643288	2.357334	2.643288
X Variabl	1.730932	0.21621	8.441473	0.012322	1.290457	2.171408	1.290457	2.171408

图 5.6－9　指数函数回归分析结果

从回归分析结果知 Intercept 截距 $\ln a=2.5003$，则 $a=12.1861$，斜率 X Variable 斜率 $b=1.7309$，代入公式 $u=a\times e^{-b/t}$，得到指数回归方程：$u=12.1861\times e^{-1.730932/t}$，根据测试数据做出拟合曲线，如图 5.6-10 所示。

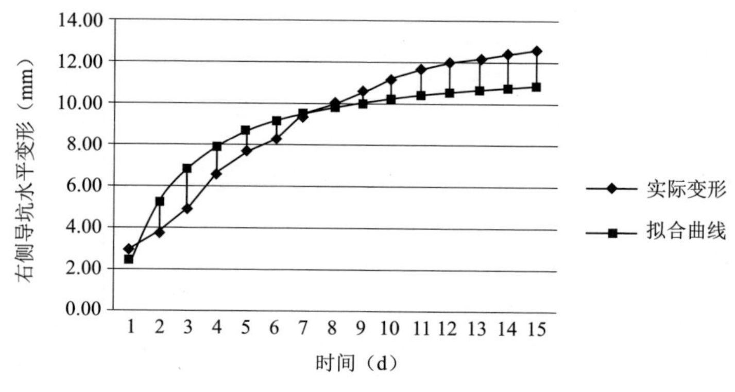

图 5.6-10 拟合曲线

同时，可以从图 5.6-9 中得出相关系数 $r^2=0.857631$，满足回归精度要求，在式 $u=12.1861\times e^{-1.730932/t}$ 中取 $t=30$，得到第 30 天预测变形 $u=11.5029$ mm，与实际变形监测结果 12.791 mm 相差不大，当 $t=\infty$，一段期限内最大变形为 $u=12.1861$ mm，也在预警值之内，说明监测开始期间内左侧导坑水平变形未出现异常。

5.7 小结

针对该隧道开挖跨度大、浅埋偏压施工中存在的关键技术问题，采用案例调研、理论分析、数值模拟及现场测试等手段开展了系统研究工作，取得了如下主要成果：

(1)针对该区段隧道，进行了暗挖隧道施工方案的优化，并结合风险评估、案例调研结果认为，采用暗挖施工方案可以保证隧道施工安全，且在工期、投资及环保等方面具备相对较大的优势。

(2)针对该段隧道,对采用双侧壁法的暗挖施工方案进行了数值模拟分析,结果表明:双侧壁法可以控制围岩变形并使围岩变形处在允许范围内,综合考虑施工便利性,投资等多种因素,采用双侧壁法施工。

(3)本研究通过数值模拟分析与实际地表沉降对比,结果表明:对地表沉降而言,考虑地下水影响的数值计算值更加接近现场实测结果,说明地下水对隧道施工安全存在显著的影响。

(4)基于工程类比和理论分析,提出了隧道开挖的钻爆法施工方案和支护措施,保证了施工过程中隧道上覆地层的稳定性,有效控制了爆破振动影响。施工过程中,隧道围岩稳定、变形量不大,未发生地表塌陷等事故,保证了施工安全,验证了本研究成果的正确性。

第6章　超大断面非对称连拱隧道施工技术研究

6.1　施工特点

超大断面非对称连拱隧道施工工序复杂、工序间相互影响大。超大断面非对称连拱隧道的结构特点决定了其施工必须分多个步骤进行，各个工序间相互影响又很大，这就要求必须要有科学合理的施工组织设计，理清各个工序的先后顺序及相互关系。在施工过程中尽量减小各个工序之间的相互影响，并根据施工中的实际情况灵活的调整工序安排。

6.2　超前支护

6.2.1　管　　棚

1. 管棚设计

在管棚设计中要充分考虑地质、周边环境、隧道开挖断面、埋深以及开挖方法等，来决定大管棚的配置、形状、施工范围、大管棚的间距及断面。

管棚棚管采用热轧无缝钢管，钢管导向管做成尖形，承压端焊上钢箍，管口预留止浆段，相邻注浆孔呈梅花形布置。

双连拱隧道洞口设计都有长管棚超前支护，长管棚设计参数：

导管规格：外径 108 mm，壁厚 6 mm；

管距：环向间距 40 cm；

倾角：外插角 1°～2°；

注浆材料：42.5 级硅酸盐水泥，水灰比 1∶1 的水泥浆；

设置范围:拱部120°范围。

2. 管棚设计施工工艺流程

长管棚施工工艺流程如图6.2-1所示。

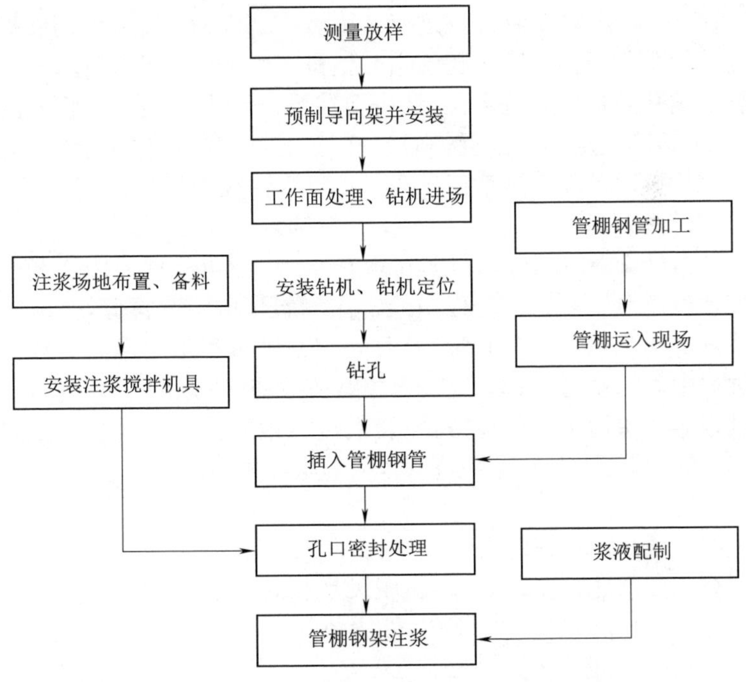

图6.2-1　长管棚施工工艺流程

3. 管棚设计施工工艺流程

(1)导向架施工

混凝土格栅钢架作为长管棚的导向架,在开挖廓线以外拱部120°范围内施作。格栅钢架上设置ϕ127 mm导向管,定位管棚钢管的位置和外插角。孔口管作为管棚的导向管,它安设的平面位置、倾角、外插角的准确度直接影响管棚的质量。用经纬仪以坐标法在格栅钢架上定出其平面位置;用水准尺配合坡度板设定孔口管的倾角;

用前后差距法设定孔口管的外插角。孔口管应牢固焊接在格栅钢架上,防止浇筑混凝土时产生位移。

(2)钻孔平台安装钻机

钻孔平台用钢管脚手架搭设,搭设平台一次性搭好,钻孔由1~2台钻机由高孔位向低孔位进行。平台支撑于稳固的地基上,脚手架连接要牢固、稳定,防止在施钻时钻机产生不均匀下沉、摆动、位移而影响钻孔质量。钻机定位:钻机要求与已设定好的孔口管方向平行,必须精确核定钻机位置。用经纬仪、挂线、钻杆导向相结合的方法,反复调整,确保钻机钻杆轴线与孔口管轴线相吻合。

(3)钻孔

钻机开钻时,应低速低压,待成孔10 m后可根据地质情况逐渐调整钻速及风压。钻进过程中经常用测斜仪测定其位置,并根据钻机钻进的状态判断成孔质量,及时处理钻进过程中出现的事故。钻进过程中确保动力器、扶正器、合金钻头按同心圆钻进。认真做好钻进过程的原始记录,及时对孔口岩屑进行地质判断、描述,作为洞身开挖时的地质预测预报参考资料,从而指导洞身开挖。

(4)清孔

用地质岩芯钻杆配合钻头进行反复扫孔,清除浮渣,确保孔径、孔深符合要求,防止堵孔。用高压风从孔底向孔口清理钻渣。用经纬仪、测斜仪等检测孔深、倾角、外插角。

(5)安装管棚钢管

管头焊成圆锥形,便于入孔。棚管顶进采用挖机和管棚机钻进相结合的工艺,即先钻大于棚管直径的引导孔,然后用挖机在人工配合下顶进钢管。接长钢管应满足受力要求,相邻钢管的接头应前后错开。

(6)注浆

注浆准备:管棚安装完成后,旋上孔口阀,链接注浆管路。利用注浆泵先压水检查管路是否漏水,设备状态是否正常,而后再做压水实验,已冲洗岩石裂隙,扩大浆液通路,增加浆液充塞的密实性,核实岩石的渗透性。

浆液配置:在注浆前由实验确定浆液配比、注浆压力等注浆参数。浆液配比要选择要考虑岩石裂隙情况以及浆液扩散半径,现场通过实验确定。配置浆液时,要注意加料顺序和速度,防止浆液结块。

注浆施工:清孔后,按由下至上的顺序施工,浆液先稀后浓,注浆量先大后小,如果遇到串浆或者跑浆则隔孔灌压。

结束标准:采用终压和注浆量双控制。以单管设计注浆量为标准,当注浆压力达到设计终压的。

6.2.2　超前小导管

1. 超前小导管设计

超前小导管前端加工成锥形,以便插打,并防止浆液前冲。隧道超前小导管长为 3.5 m,直径 ϕ42 mm,对隧道洞顶 150°范围进行超前小导管加固,环向间距 0.4 m,纵向间距 2.4 m。中间部位钻 ϕ10 mm 的注浆孔,注浆孔呈梅花形布置(防止注浆出现死角),间距为 15 mm,尾部 1 m 范围内不钻孔以防漏浆,末端焊直径为 6 mm 的环形箍筋,以防打设小导管时端部开裂,影响注浆管连接。钻孔外插角 7°～15°,可根据实际情况调整。小导管插入后应外露一定长度,以便连接注浆管,并用塑胶泥将导管周围孔隙封堵密实。

2. 超前小导管施工工艺流程

超前小导管施工工艺流程如图 6.2－2 所示。

3. 施工操作要点

施工要点可归纳为如下几点:

(1)注浆材料

本工程优先选用单液水泥浆;对于有水的强渗透地层,则宜选用双液水泥—水玻璃浆,以控制注浆范围。注浆材料的配比应根据地层情况和胶凝时间要求,并经过试验而定,一般对于水泥浆液,水灰比可采用 0.5∶1～1∶1。

(2)注浆

注浆前先冲洗管内沉积物,由下至上顺序进行。单孔注浆压力达到设计要求值，持续注浆 10 min 且进浆速度为开始进浆速度的 1/4 或进浆量达到设计进浆量的 80%及以上时注浆方可结束。注浆施工中认真填写注浆记录，随时分析和改进作业，并注意观察施工支护工作面的状态。注浆参数应根据注浆试验结果及现场情况调整。

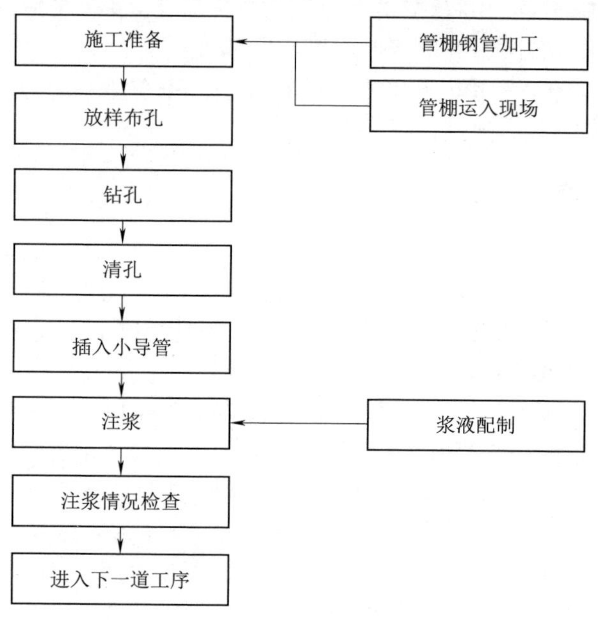

图 6.2-2 超前小导管施工工艺流程

(3)注浆异常现象处理

串浆时及时堵塞串浆孔；泵压突然升高时，可能发生堵管，应停机检查；

进浆量很大，压力长时间不升高，应重新调整浆浓度及配合比，缩短胶凝时间。

6.2.3 超前预支护质量控制

(1)作业人员及材料设备

①针对小导管施工工艺，项目部技术人员对现场作业人员、值班

员进行业务培训，并定期组织现场作业人员召开经验交流课，让作业人员熟悉小导管的施工工艺。现场施工过程中，项目部技术人员全程值班，及时发现问题并进行指导，逐步积累施工经验。

②对现场陈旧的、不满足施工工艺要求的机械设备进行更换，确保现场的机械设备满足施工工艺要求。

③严把原材料关，现场使用的原材料严格按照规范要求进行检验，经检验合格后方可使用，杜绝不合格材料进入施工现场。

(2)小导管注浆控制

①每排注浆孔均由测量人员放线布眼，在钻孔过程中严格控制小导管外插角及孔深。钻眼完成后必须经质检人员检查确认钻孔外插角、孔深、孔距满足设计及规范要求后方可送入小导管注浆，若不合格必须进行返工。

②注浆过程中，合理的选择与控制注浆压力，选用合宜的浆液，适时的变换浆液配合比，是保证注浆质量的重要因素。每次注浆前由技术人员对掌子面围岩情况进行观察，根据掌子面围岩裂隙、水量大小等情况来确定注浆压力的大小。

③注浆过程采用一次升压法，在一开始就在短时间内将压力升到确定的注浆压力，并一直保持到注浆结束。在此压力下，浆液由稀到浓，首先将较细的裂隙充填压好，而后将中等或较大的裂隙压注密实。浆液浓度的变换是在同一浓度下注浆持续一段时间后，吸浆量无显著改变时，即加浓一级，若加浓后吸浆量突减时，说明浓度变换不当，立即换回原来浓度。

6.3　隧道开挖

6.3.1　爆破设计

施工过程中采用多布孔、少装药、弱爆破的线形微震爆破技术和光面爆破技术，爆破炸药采用低爆速、抗水性好的 2 号岩石乳化炸药，药卷直径按照掏槽眼为 ϕ35 mm，辅助眼为 ϕ32 mm，光面爆破周

边眼为 ϕ25 mm,最小抵抗线取 60 cm,周边眼间距为 45 cm。掏槽眼采取斜眼掏槽,间距 30～50 cm,其他炮眼间距为 60～70 cm。炮眼深度根据开挖循环进尺加深 10%～15%,掏槽眼深度较其他炮眼超深 10%,线装药系数控制在 0.4 kg/m 以内,多分段,减少单线最大装药量,控制为 3.5 kg 以内,增大相邻段起爆时间间隔,以此控制爆破应力波的叠加、爆破振动速度和振动频率,减弱对围岩的损伤。详细爆破参数见表 6.3。

表 6.3　爆破参数

参数项	参数设置
钻孔直径 d	42 mm
最小抵抗线 W	60 cm
光面爆破周边眼间距 a_1	45 cm
辅助眼和掏槽眼间距 a_2	(1.0～1.2)W
炮眼排距 b	W
炮眼深度 L	$H+h$;单循环进尺 $H=0.6$ m;炮眼超深 $h=(0.1\sim0.15)H$
单位炸药消耗量 q	1.6 kg/m^3
单眼装药量 Q	$0.33e\cdot q\cdot a\cdot b\cdot L$;炸药换算系数 e 取 1;单位 kg

为了达到良好的破岩和光面爆破效果,实际中周边眼单眼装药量减弱为 0.8 倍,掏槽眼和底板眼加强装药量至 1.2 倍,辅助眼为 1.0 倍。

爆破器材选用:采用塑料导爆管非电毫秒雷管起爆系统,毫秒雷管采用特定的 26 段等差(50 ms)毫秒雷管,引爆采用电雷管。炸药采用 2 号岩石乳化炸药,选用 ϕ25 mm、ϕ32 mm、ϕ35 mm 三种规格,其中 ϕ25 mm 为周边眼专用光爆药卷,ϕ35 mm 为掏槽眼专用药卷,ϕ32 mm 为辅助眼专用药卷。

6.3.2　开挖及支护

结合当地的工程地质条件,采用中导洞施工法。中导洞施工法就是首先在连接左右线隧道的中隔墙处贯通一条小断面导洞，并施工中隔墙砼，然后再开挖左右线正洞的施工方法。其施工步骤如图 6.3-1所示。

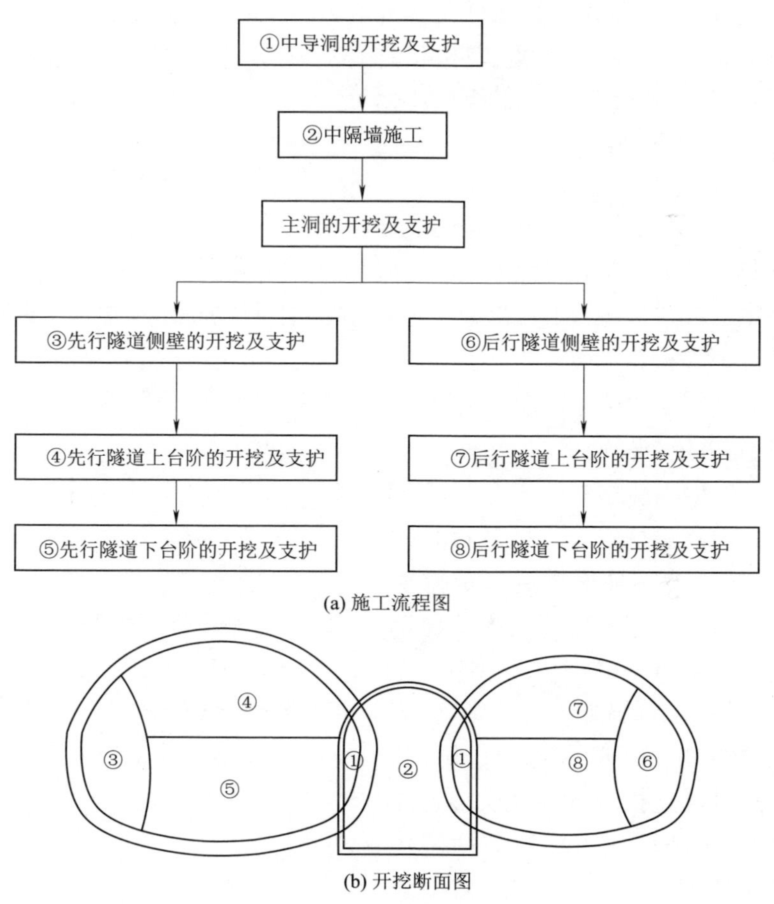

(a) 施工流程图

(b) 开挖断面图

图 6.3-1　中导洞法施工图

1. 中导洞的开挖及支护

(1)支护

中导洞设计采用间距为 0.6 m 的 I18 工字钢，ϕ8 mm 钢筋网网格 200 mm×200 mm 及喷射 C25 混凝土为初期临时支护，拱顶采用 ϕ25 mm、L＝4 m 中空锚杆在拱墙顶部 200°范围内按照 0.8 m(环向)×0.6 m(径向)布设。隧道锁脚锚杆采用 ϕ25 mm 直径的砂浆锚杆，锚杆长度 L＝3.5 m。中隔墙形态具体如图 6.3－2所示。

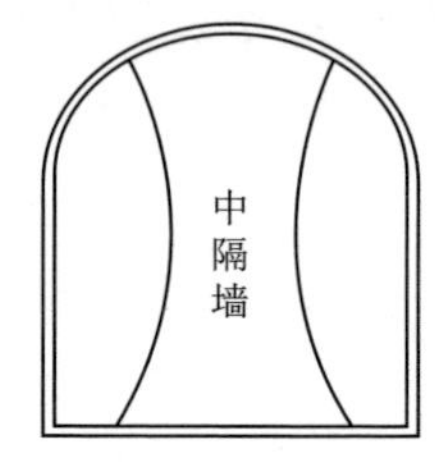

图 6.3－2　中导洞断面形态

(2)开挖

中导洞系整个隧道开挖的关键，既决定着洞身开挖的方向，又是对洞身岩层情况的先行探察，可以为主洞开挖积累资料和摸索情况，指导主洞施工。为了防止洞口坍塌、顺利进洞，采用短进尺、挖掘机进行中导洞的开挖，每次进尺控制在 0.6 m(钢拱架间距)，中导洞开挖，采用全断面法。

2. 中隔墙施工

中隔墙是整个连拱隧道结构稳定的关键，是连拱隧道最重要的结构体。它对围岩的支撑稳定具有非常重要的作用。中隔墙完工后，在左右洞施工过程中，受到压、拉、弯、扭、剪应力的作用，并承载着隧道拱部的荷载。隧道建成后，中隔墙还承担着从两侧传递来的部分荷载。因此，对中隔墙施工必须引起高度重视，特别需注意施工质量。中导洞贯通后，立即开始中隔墙施工，其施工工艺流程图如图 6.3－3所示。

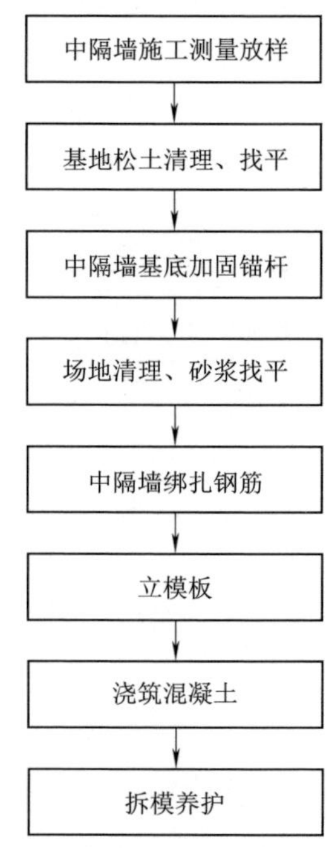

图 6.3－3　中隔墙施工工艺流程图

(1)材料

中墙混凝土采用硅酸盐水泥，水泥标号不低于 32.5R，粗骨料采用坚硬耐久的碎石。混凝土中的石子最大粒径不宜大于 31.5 mm，水泥用量不少于 360 kg/m^3，水灰比大于 0.55。骨料级配采用连续级配。按重量计含泥量不大于 1%，泥块含量不大于 0.25%。细骨料采用坚硬、耐久的粗砂，细度模数大于 2.5，含水率控制在 5%～7%。砂中小于 0.075 mm 的颗粒不大于 20%。含泥量不大于 3%，泥块含量不大于 1%。中墙混凝土采用液体防水剂。在使用防水剂前，做水泥的相容性试验及水泥净浆凝结效果试验，严格控制掺量，并要求其抗渗标号不小于 S8。拌和用水的水质符合工程用水的有关标准，水中不应含有影响水泥正常凝结与硬化的有害杂质。

(2)中墙基底处理

把中导洞基底的松土清理出洞外。测量放样，放出中墙基础宽度和控制标高，根据测量数据，平整中墙基础，超高部位，把土挖走，超挖部位，采用片石回填。

(3)地基加固锚杆施工

地基加固锚杆采用 ϕ22 mm 砂浆锚杆，长度为 300 cm，间距为 100 cm×100 cm；锚杆伸入隔墙底的长度不小于 30 cm；应按设计要求截取杆体，并整直、除锈和除油。

锚杆注浆安装前须先做好材料、机具和场地准备工作，注浆材料使用硅酸盐 42.5 水泥，粒径小于 2.5 mm 的砂子，并须过筛，胶骨比 1∶0.5～1∶1，水灰比 0.38～0.45，砂浆标号不小于 M20。砂浆锚杆作业程序是：先注浆，后放锚杆，具体操作是：先将水注入牛角泵内，并倒入少量砂浆，初压水和稀浆湿润管路，然后再将已调好的砂浆倒入泵内。将注浆管插至锚杆眼底，将泵盖压紧密封，一切就绪后，慢慢打开阀门开始注浆。在气压推动下，将砂浆不断压入眼底，注浆管跟着缓缓退出眼孔，并始终保持注浆管口埋在砂浆内，以免砂浆中出现空洞，将注浆管全部抽出后，立即把锚杆插入眼孔，然后用木楔堵塞眼口，防止砂浆流失。锚杆孔中必须注满砂浆，发现不满需拨出锚杆重新注浆。注浆管不准对人放置，以防止高压喷出物射击伤人。砂浆应随用随拌，在初凝前全部用完，使用掺速凝剂砂浆时，一次拌制砂浆数量不应多于 3 个孔，以免时间过长，使砂浆在泵、管中凝结。锚注完成后，应及时清洗，整理注浆用具，除掉砂浆凝聚物，为下次使用创造好条件。锚杆伸入中墙的长度不小于 30 cm。

(4)模板制作

为保证中墙模板有足够的强度刚度和混凝土的外观质量，采用大块钢模板进行中墙施工。钢模板必须具有足够的强度、刚度和稳定性。中墙模板 7.2 m 一组。

(5)钢筋绑扎

到场的钢筋经检验合格后，即可按设计要求进行钢筋加工。钢筋加工前，清除干净钢筋表面的锈斑，钢筋应平直，无局部折曲，成盘的钢筋和弯曲的钢筋均应调直，各种钢筋下料尺寸符合设计及规范要求。中墙钢筋统一在加工场加工，半成品分类堆放，挂牌标示清楚。拱顶锚杆、基底锚杆与中墙钢筋按设计要求连接牢固，形成一体；为保证浇筑混凝土时钢筋保护层厚度，且必须保证在混凝土表面看不到垫块痕迹，因此可采用塑料保护层垫块或钢筋骨架外侧绑扎特殊造型的同级混凝土垫块。以增加混凝土表面的美观性。钢筋连接采用电弧焊搭接，搭接长度不少于 $10d$，焊缝厚度不小于 $0.35d$，焊缝宽度不小于 $0.7d$，并不小于 10 mm。电弧焊接用的焊条规范要求，钢筋接头所在截面按规范要求错开布置，同一截面钢筋接头不得超过该截面钢筋总数的 50%。箍筋施工要与主筋紧密连接，不留松动，箍筋与主筋连接处采用铁丝绑紧或采用点焊焊牢。中墙钢筋骨架成型后尺寸和间距等符合设计与规范要求，在安装模板前，对已安装好的钢筋会同监理单位进行检查并签证，并对中墙预埋件进行确认。

(6)安装模板

中墙混凝土施工每 7.2 m 一组，采用大块钢模拼装而成，用槽钢和角钢作为加强肋，保证模板有足够强度和刚度。因中导洞断面较小，施工难度较大，施工采用小型台车，纵向滑模施工。在中墙基础两侧用方木和工字钢搭设移动滑道，长度不小于 16 m，可以保证台车纵向行走 7.5 m。在滑道上拼装模板，因场地狭小，只能用倒链人工组装。模板安装加固用槽钢和黑铁管支撑在中导洞初期支护上，外撑为主，内拉为辅。模板中线、标高、尺寸和平整度等经检验合格后才可进行下道工序。墙身混凝土灌注时，受力较大，模板支撑必须牢固，应使泵送系统支撑与模板支撑系统分离。

(7)混凝土灌注

中墙混凝土在搅拌站按批复的配合比集中拌和，采用搅拌运输车运输，中墙混凝土灌注由广州端洞口向洞内方向进行，全部采用泵送混凝土，必须保证输送混凝土的泵能连续工作，输送管管线宜直，接头应严密，防止混入空气，产生阻塞。浇筑混凝土时，主要使用附着式平板振捣器振捣，插入式振捣棒辅助振捣，保证混凝土振捣密实。每一处振动完毕后应边振动边徐徐提出振动棒，避免振动棒碰撞模板、钢筋及其他预埋件。施工缝是中墙受力的薄弱面，每次拆模后均必须凿毛处理，连接钢筋应严格按要求焊接牢固。拱脚浇筑时，应使混凝土充满所有角落，并应充分进行捣固密实。拱顶处混凝土必须到位，且必须振捣密实，不留空隙，必要时注浆处理，以防拱顶漏水。

(8)拆模养生

中墙拆除模板后，立即跟进养护。采用洒水养护或包裹塑料薄膜养护，养护时间不少于 14 d。

3. 主洞的开挖及支护

(1)挂网立钢架

①型钢拱架施工

型钢钢架安装施工工艺如图 5.4－1 所示。

②施工操作要点

双连拱隧道钢架支护设计为 I22a 的型钢拱架，每榀钢拱架间距为 0.6 m，为全断面支护。隧道各部开挖完成初喷混凝土后，分单元及时安装钢架，采用与定位锚杆、径向锚杆以及锁脚锚杆固定，钢架之间铺挂钢筋网，然后复喷混凝土到设计厚度。

加工场地用混凝土硬化，精确抹平，按设计放出加工大样。钢架弯制结合隧道开挖方法采用型钢弯制机按照隧道断面曲率分节进行弯制，弯制完成后，先在加工场地上进行试拼。各节钢架拼装，要求尺寸准确，弧形圆顺，要求沿隧道周边轮廓误差不大于 3 cm；型钢钢架平放时，平面翘曲小于 2 cm。

钢架安装前清除基底虚渣及杂物。本工程格栅钢拱架严格按设计位置安装，钢架之间及时用钢筋纵向联结，钢架须垂直隧道中线，隧道横向竖直平面内，垂直度允许误差为±2°，确保安装后垂直。钢架拼装可在开挖面以外进行，各节钢架间以螺栓连接，连接板密贴。钢架底脚置于牢固的基础上。钢架尽量密贴围岩并与锚杆焊接牢固，钢架之间按设计设置纵向连接筋连接。每榀钢架拱架架设完后，要进行质量评定，评定合格后方能进行喷混凝土作业。

分部开挖法施工时，钢拱架拱脚打设锁脚锚杆或锁脚锚管。下半部开挖后钢架及时落底接长，封闭成环。钢架与喷混凝土形成一体，钢架与围岩间的间隙用喷混凝土充填密实；钢架全部喷射混凝土覆盖，保护层厚度满足设计要求。

机械开挖时，为防止挖掘机等大型机械对已支护好钢架进行碰撞和冲击，造成钢架损坏，因此，开挖时，要委派专人对开挖作业进行指挥，严格限制机械作业界限，以防止碰撞钢架。

(2)钢筋网片施工

①施工工艺流程

钢筋网施工工艺流程如图 3.3－1 所示。

②施工操作要点

钢筋网采用 HPB300 的钢筋焊接成 200 mm×200 mm 网格，在钢筋加工场内集中加工。先用钢筋调直机把钢筋调直，再截成钢筋条，钢筋网片尺寸根据拱架间距和网片之间搭接长度综合考虑确定。钢筋焊接前要先将钢筋表面的油渍、漆污、水泥浆和用锤敲击能剥落的浮皮、铁锈等均清除干净；加工完毕后的钢筋网片应平整，钢筋表面无削弱钢筋截面的伤痕。制作成型的钢筋网片必须轻抬轻放，避免摔地产生变形。钢筋网片成品应远离加工场地，堆放在指定的成品堆放场地上。存放和运输过程中要避免潮湿的环境，防止锈蚀、污染和变形。

人工铺设钢筋网，安装时搭接长度1～2个网格，贴近岩面铺设并与锚杆和钢架焊接牢固。按照设计图纸要求，钢筋网焊接在钢架靠近岩面一侧或内外双层布置，以确保整体结构受力。

钢筋网要与锚杆、钢架或其他固定件连接牢固，保证喷射混凝土时不晃动。喷混凝土时，减小喷头至受喷面距离和控制风压，以减少钢筋网振动，降低回弹，钢筋网片要有3～5 cm的保护层。

(3)中空注浆锚杆施工

①施工工艺

本段系统锚杆采用带排气装置的ϕ25 mm中空锚杆。锚杆长度L=4.0 m，在拱墙顶部120°范围内按照0.8 m(环向)×0.6 m(径向)布设。中空注浆锚杆施工工艺如图5.4-4所示。

②施工操作要点

施工前检查锚杆类型，规格，质量及其性能是否与设计相符。根据锚杆类型，规格及围岩情况准备钻孔机具。

锚杆钻孔利用开挖台阶搭设简易台架施钻，按照设计间距布孔；钻孔方向尽可能垂直结构面或初喷混凝土表面；锚杆孔比杆径大15 mm，深度误差不得大于±50 mm；成孔后采用高压风清孔。

(4)喷射混凝土施工

①喷射混凝土设计

隧道初期支护喷射混凝土设计设计强度等级为C25。喷射混凝土配合比的设计应满足：强度符合设计要求、不发生管路堵塞、能向上喷射至设计厚度的要求。

②喷射混凝土施工

隧道初期支护喷射混凝土采用湿喷工艺。喷射混凝土在洞外拌和站集中拌和，由混凝土搅拌运输车运至洞内，采用湿喷机喷射作业。在隧道开挖完成后,先喷射 4 cm 厚混凝土封闭岩面,然后架立钢架、挂钢筋、网打设锚杆,对初喷岩面进行清理后复喷至设计厚度。

③喷射前准备

喷射前应对受喷岩面进行处理。一般岩面可用高压风吹净受喷岩面的浮尘、岩屑,以提高喷射混凝土的附着力。

设置控制喷射混凝土厚度的标志,一般采用埋设钢筋头做标志,亦可在喷射时插入长度比设计厚度大 5 cm 的铁丝,每 1～2 m 设一根,作为施工控制用。

检查机具设备和风、水、电等管线路,湿喷机就位,并试运转。

选用的空压机应满足喷射机工作风压和耗风量的要求;压风进入喷射机前必须进行油水分离。

输料管应能承受 0.8 MPa 以上的压力,并应有良好的耐磨性能。

保证作业区内具有良好通风和照明条件。

④混凝土搅拌、运输

湿喷混凝土搅拌采取全自动计量强制式搅拌机,施工配料严格按配合比进行操作,速凝剂在喷射机喂料时加入。运输采用混凝土运输罐车,随运随拌。喷射混凝土时,多台运输车应交替运料,以满足湿喷混凝土的供应。在运输过程中,要防止混凝土离析、水泥浆流失、坍落度变化以及产生初凝等现象。

⑤喷射作业

喷射操作程序应为:打开速凝剂辅助风→缓慢打开主风阀→启动速凝剂计量泵、主电机、振动器→向料斗加混凝土。

喷射混凝土作业应采用分段、分片、分层依次进行,喷射顺序应自下而上,分段长度不宜大于 6 m。喷射时先将低洼处大致喷平,再自下而上顺序分层、往复喷射。

喷射混凝土分段施工时,上次喷混凝土应预留斜面,斜面宽度为 200～300 mm,斜面上需用压力水冲洗润湿后再行喷射混凝土。

分片喷射要自下而上进行并先喷钢架与壁面间混凝土,再喷两钢架之间混凝土。边墙喷混凝土应从墙脚开始向上喷射，使回弹不致裹入最后喷层。

分层喷射时，后一层喷射应在前一层混凝土终凝后进行，若终凝 1 h 后再进行喷射时，应先用风水清洗喷层表面。一次喷混凝土的厚度以喷混凝土不滑移不坠落为度，既不能因厚度太大而影响喷混凝土的黏结力和凝聚力，也不能太薄而增加回弹量。边墙一次喷射混凝土厚度控制在 7～10 cm，拱部控制在 5～6 cm，并保持喷层厚度均匀。顶部喷射混凝土时，为避免产生堕落现象，两次间隔时间宜为 2～4 h。

喷射速度要适当，以利于混凝土的压实。风压过大，喷射速度增大，回弹增加；风压过小，喷射速度过小，压实力小，影响喷混凝土强度。因此在开机后要注意观察风压，起始风压达到 0.5 MPa 后，才能开始操作，并据喷嘴出料情况调整风压。一般工作风压：边墙 0.3～0.5 MPa，拱部 0.4～0.65 MPa。

喷射时使喷嘴与受喷面间保持适当距离，喷射角度尽可能接近 90°，以使获得最大压实和最小回弹。喷嘴与受喷面间距宜为 1.5～2.0 m；喷嘴应连续、缓慢作横向环行移动，一圈压半圈，喷射手所画的环形圈，横向 40～60 cm，高 15～20 cm；若受喷面被钢架、钢筋网覆盖时，可将喷嘴稍加偏斜，但不宜小于 70°。如果喷嘴与受喷面的角度太小，会形成混凝土物料在受喷面上的滚动，产生出凹凸不平的波形喷面，增加回弹量，影响喷混凝土的质量。

⑥养护

喷射混凝土终凝 2 h 后，应进行养护。养护时间不小于 14 d。当气温低于＋5 ℃时，不得洒水养护。

4. 主洞的开挖

为保证隧道的开挖安全，连拱隧道两侧正洞的施工需错开一定的距离，从而形成对中隔墙的偏压，如处理不当极易因中隔墙的偏移而造成塌方事故。隧道的开挖使岩体原有的平衡状态被打破，围岩应力进行重新分布，围岩发生变形，以达到新的平衡状态。如果连拱隧道左右正洞的开挖错开距离较短，势必引起两侧洞室围岩应力、变形的叠加，影响隧道的施工安全。连拱隧道左右正洞开挖的错开距离，应达到 20～40 m，并保证超前洞室的围岩变形基本稳定后方可进行滞后洞室的施工。

6.4 施工数值模拟

6.4.1 计算工况

该部分隧道工法转换部分的具体开挖工况，针对不同工法，对其进行数值计算。中壁法对称隧道部分为 E 型衬砌形式。单洞开挖跨度达 12.23 m，开挖高度达 9.16 m。为了保证隧道的工期，采用中壁法开挖，掘进循环进尺 3 m。中壁法开挖隧道示意图如图 6.4－1 所示。

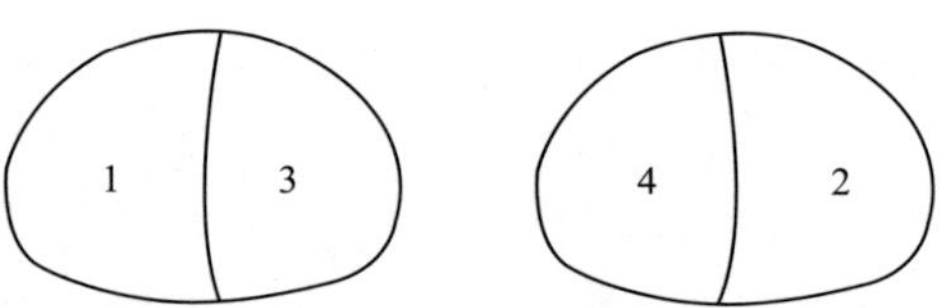

图 6.4－1 中壁法对称隧道开挖示意图

中导洞法隧道部分左侧隧道为 D 型衬砌形式，右侧隧道为 E 型衬砌。左侧隧道单洞开挖跨度达 15.10 m，右侧 12.63 m，开挖高度左侧为 11.2 m，右侧 9.57 m，采用中导洞结合中壁法及台阶法开挖，掘进循环进尺 3 m。中导洞法开挖隧道示意图如图 6.4－2 所示。

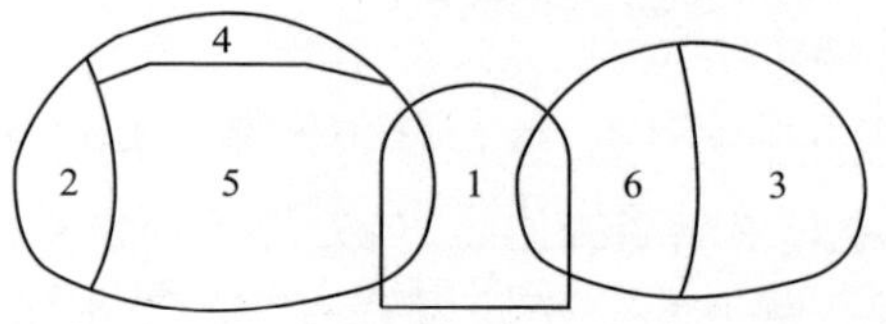

图 6.4－2 中导洞法隧道开挖示意图

6.4.2　材料的参数选取

岩土体物理力学材料根据深云—安托山站区间暗挖隧道地质钻孔勘察报告中的参数取值，具体取值见表 6.4，混凝土材料、钢材参数按照相关规范及经验取值，钢材的计算参数参照等效刚度原则换算成混凝土。

表 6.4　各地层主要物理参数

材料	厚度(m)	泊松比	黏聚力(kPa)	弹性模量(GPa)	内摩擦角(°)	密度(kg/m^3)
杂填土	3.0	0.32	30	0.05	18	1 950
微风花岗岩	40.2	0.22	85	0.15	50	2 760
初期支护	0.3	0.2	—	22.3	—	2 210
二次衬砌	0.7	0.2	—	32.3	—	2 500

6.4.3　连拱隧道断面数值计算结果

本施工运用 FLAC3D 数值模拟软件建立三维地质模型，分别采用中导洞法开挖工况，根据具体断面形式的尺寸，考虑隧道开挖的影响范围，岩体模拟成实体单元，二衬及初支都是衬砌单元，其计算模型分别为图 6.4－3、图 6.4－4 所示。

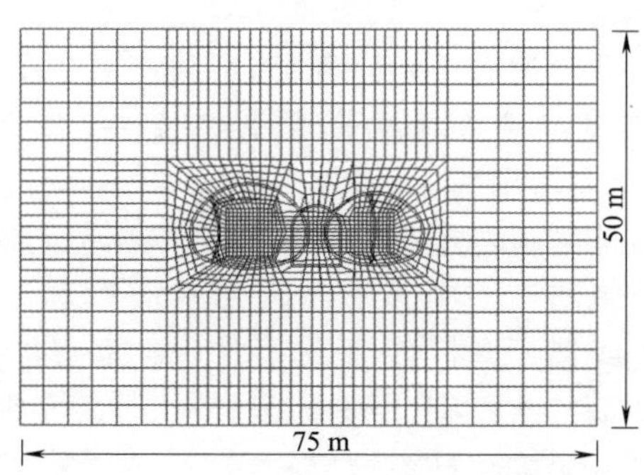

图 6.4－3　中导洞法隧道模型边界

图 6.4-4 中导洞法隧道计算有限元模型

1.隧道中导洞法模拟施工步骤

(1)建立模型,在自重场下计算平衡;

(2)开挖隧道中导洞,释放应力 30%,计算平衡;

(3)施作中导洞初支,释放应力 40%,计算平衡;

(4)开挖左侧隧道左半部分,释放应力 30%,计算平衡;

(5)施作左侧隧道左半部分初支,释放应力 40%,计算平衡;

(6)开挖右侧隧道右半部分,释放应力 30%,计算平衡;

(7)施作右侧隧道右半部分初支,释放应力 40%,计算平衡;

(8)开挖左侧隧道右上台阶部分,释放应力 30%,计算平衡;

(9)施作左侧隧道右上台阶部分初支,释放应力 40%,计算平衡;

(10)开挖左侧隧道右下台阶部分,释放应力 30%,计算平衡;

(11)施作左侧隧道右下台阶部分初支,释放应力 40%,计算平衡;

(12)开挖右侧隧道左半部分,释放应力 30%,计算平衡;

(13)施作右侧隧道左半部分初支,释放应力 40%,计算平衡;

(14)同步连续错开开挖各部分,并施作初期支护;

(15)施作隧道二次衬砌,应力完全释放,计算平衡。

2.隧道中导洞法模拟计算结果

对该部分进行的数值模拟,从围岩和初支受力等分析结果发现,各部的开挖引起的内力及地层变形均在规范允许的范围内，具体开挖模拟结果分析如下。

如图 6.4－5、图 6.4－6 所示，初始地应力的不平衡力很快就达到计算所要求的范围内，说明了模型建立符合实际地质信息，边界条件满足计算要求；再从初始地应力竖向应力云图可知，地层的应力基本上是按照水平分层分布，说明了模型网格划分比较均匀，并没有出现突变与畸形单元，这为后续的隧道开挖支护计算提供了先决条件。

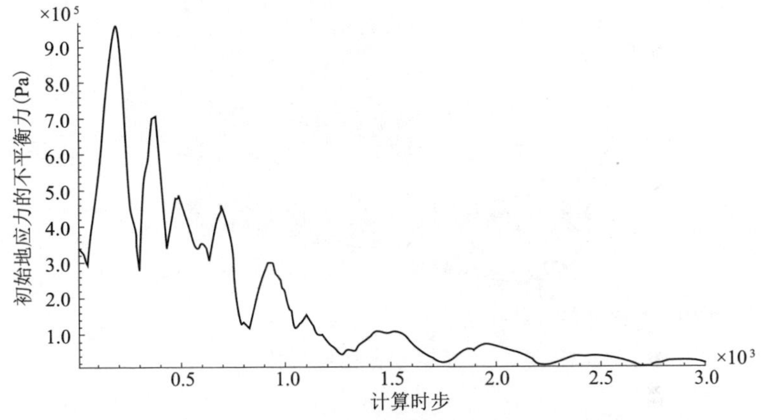

图 6.4－5　隧道初始地应力的不平衡力变化曲线

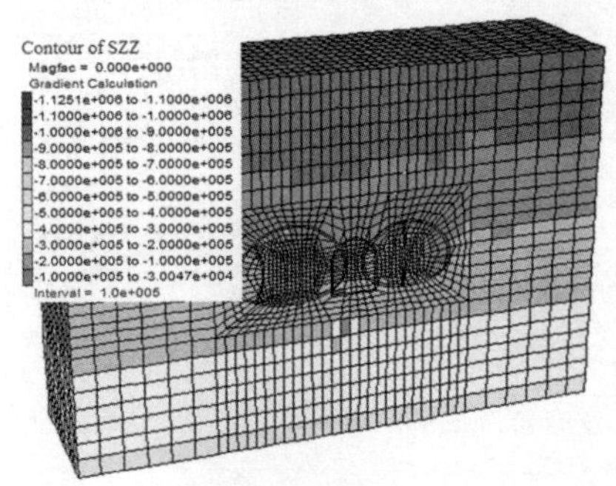

图 6.4－6　隧道初始地应力竖向应力云图

如图 6.4－7、图 6.4－8 所示，中导洞开挖后，经过应力释放及围岩应力重分布，施作初期支护抑制围岩变形，使得围岩的竖向位移仅为 0.44 mm，满足地铁隧道施工的围岩变形控制要求。再由塑性区分布云图可知，中导洞开挖后，导洞周边围岩发生了剪切屈服或拉伸屈服塑性区，但此状态下塑形区范围较小。

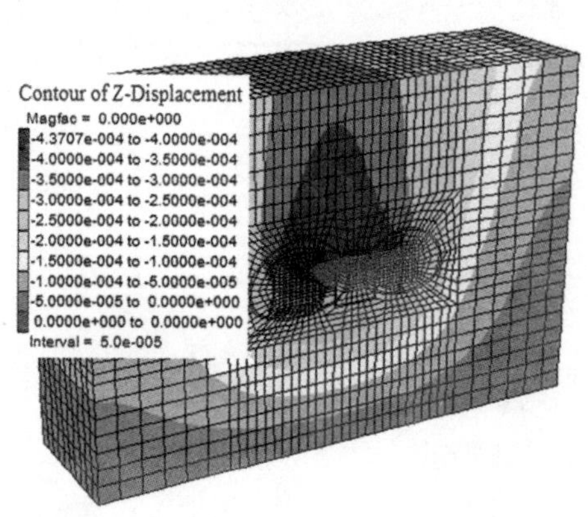

图 6.4－7 中导洞开挖后竖向位移

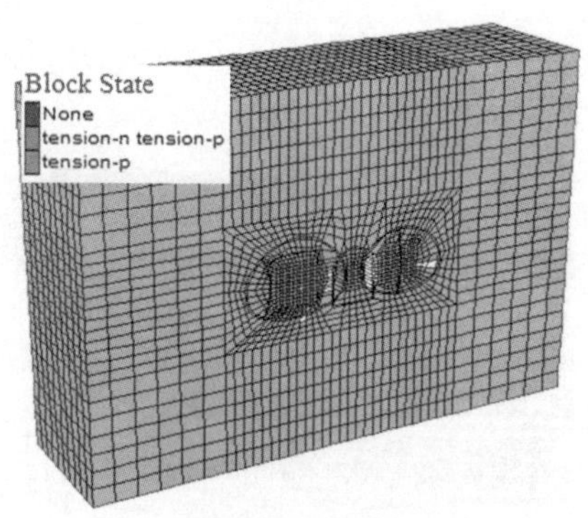

图 6.4－8 中导洞开挖后塑性区分布

由图 6.4－9 可知，当左侧隧道左半部分开始开挖时，隧道的围岩变形继续增大，其中竖向位移在开挖中达到了 0.65 mm，满足规范要求。由图 6.4－10 可知，中导洞及左侧隧道左半部分周边围岩均已产生塑性变形，但变形量小。

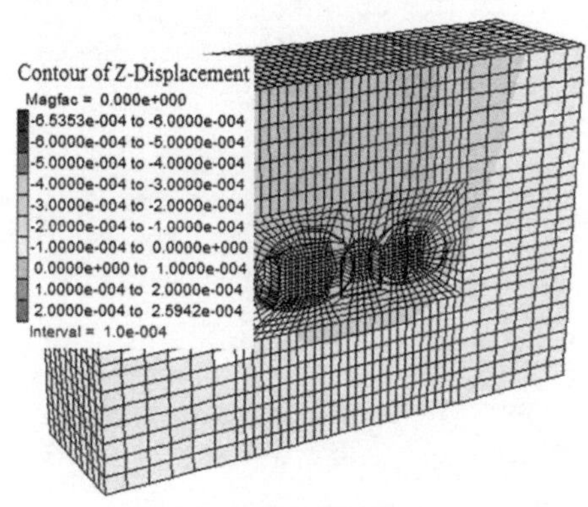

图 6.4－9　左隧左半开挖后竖向位移

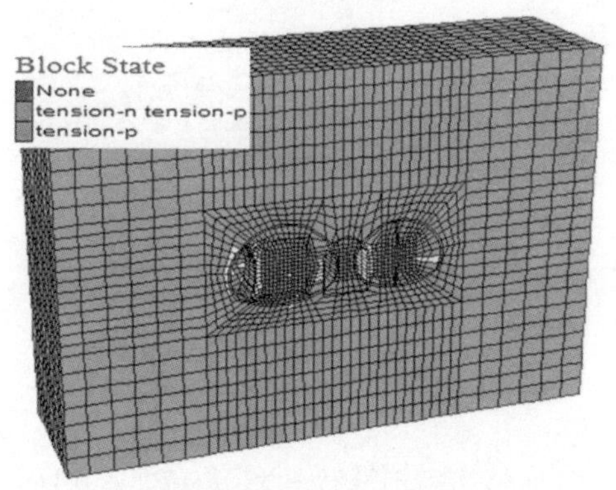

图 6.4－10　左隧左半开挖后塑性区分布

由图 6.4－11 可知，当右侧隧道右半部分开始开挖时，隧道的围岩变形迅速增大，其中竖向位移在开挖中达到了 11.18 mm，但仍满足规范要求。由图 6.4－12 可知，右侧隧道右半部分周边围岩开始产生塑性变形，但变形量仍在规定范围内。

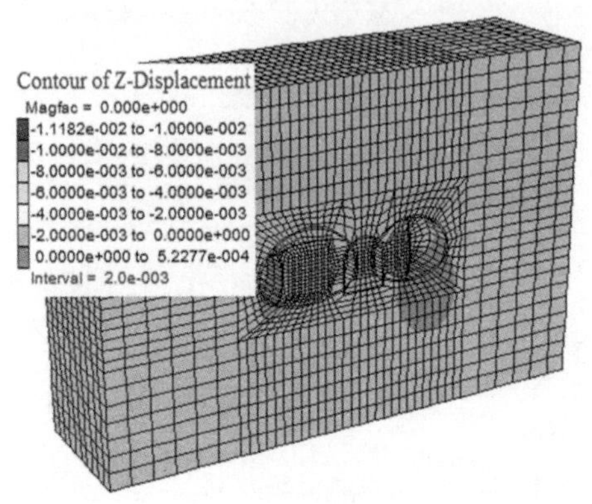

图 6.4－11　右隧右半开挖后竖向位移

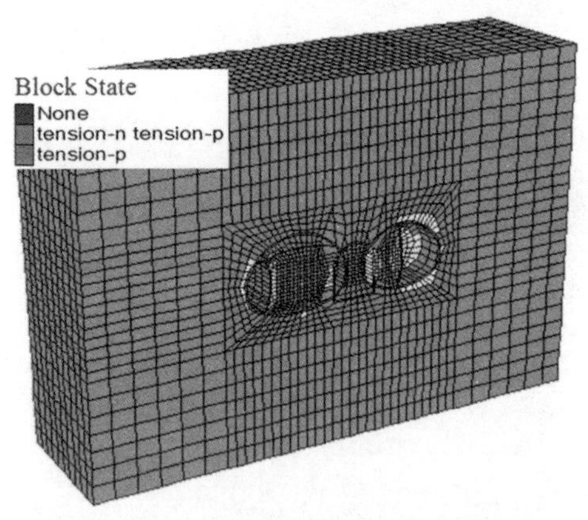

图 6.4－12　右隧右半开挖后塑性区分布

由图 6.4－13 可知，当左侧隧道右上台阶开始开挖时，隧道的围岩变形持续增大，其中竖向位移在开挖中达到了 23.43 mm，但仍满足规范要求。由图 6.4－14 可知，左侧隧道右上台阶周边围岩开始产生塑性变形，但变形量仍在规定范围内。

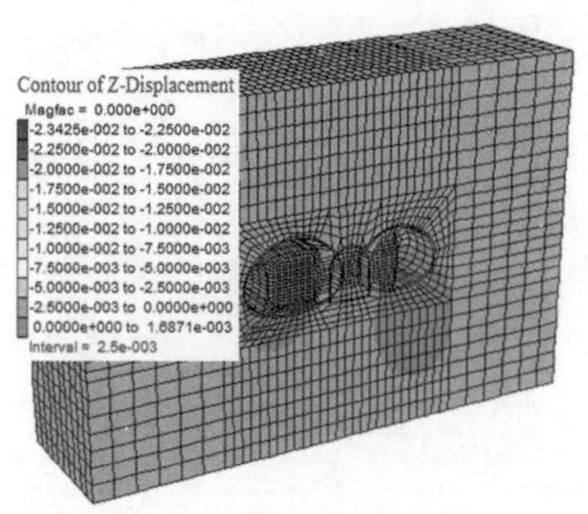

图 6.4－13　左隧右上开挖后竖向位移

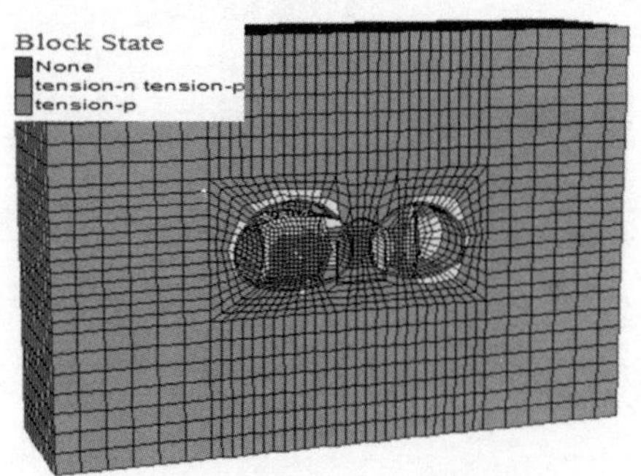

图 6.4－14　左隧右上开挖后塑性区分布

由图 6.4－15 可知，当左侧隧道右下台阶开始开挖时，隧道的围岩变形仍在增大，其中竖向位移在开挖中达到了 28.35 mm，依然满足规范要求。由图 6.4－16 可知，左侧隧道右下台阶周边围岩开始产生塑性变形，但变形量仍在规定范围内。

由图 6.4－17 可知，当右侧隧道左半部分开始开挖时，隧道的围岩变形仍在增大，其中竖向位移在开挖中达到了 34.02 mm，满足规范要求。由图 6.4－18 可知，右侧隧道左半部分周边围岩开始产生塑性变形，塑形区范围继续扩大，变形量满足要求。

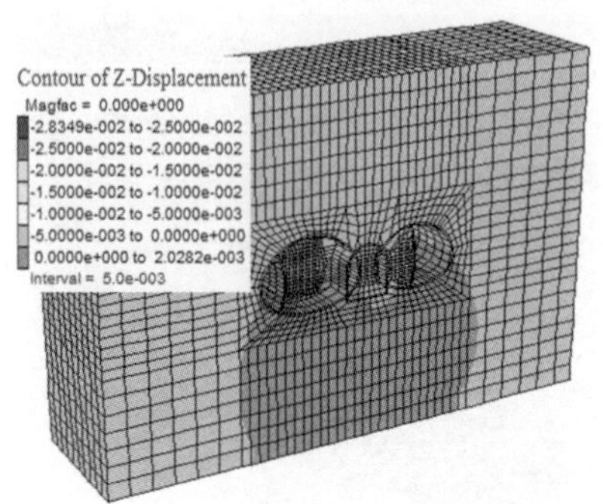

图 6.4－15 左隧右下开挖后竖向位移

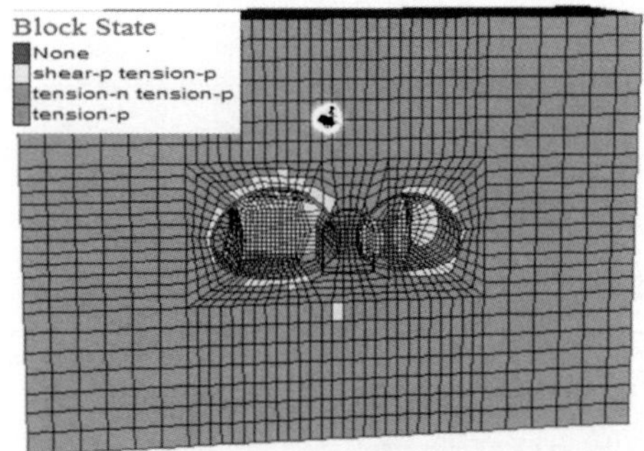

图 6.4－16 左隧右下开挖后塑性区分布

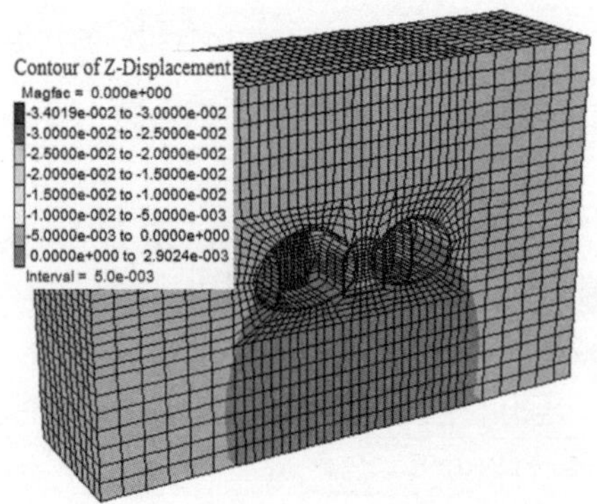

图 6.4－17 右隧左半开挖后竖向位移

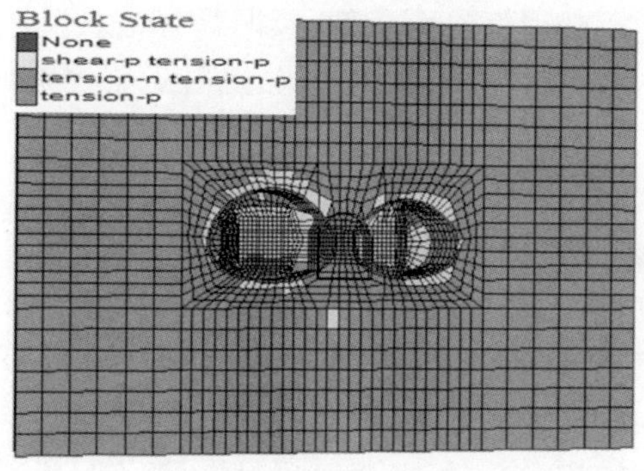

图 6.4－18　右隧左半开挖后塑性区分布

根据图 6.4－19 可知，当隧道开挖完成后，隧道的最大主应力发生在隧道的支护部分，为 2.43 MPa。与浅埋隧道超前预加固的措施保持了一致的结论，说明优化后的开挖方法及加固处理措施满足该区域的施工要求。

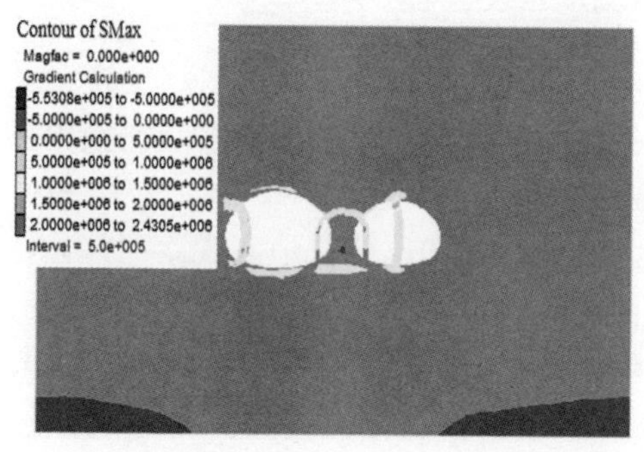

图 6.4－19　开挖完成后最大主应力云图(中导洞法)

6.5　围岩与监控量测

6.5.1　围岩监控量测的目的

该隧道按新奥法设计和施工，采用复合式衬砌，监控量测是一项重要的管理工作，必须由专人负责，及时做好信息反馈，指导施工和修正设计。施工期成立一个量测小组，由隧道工程师任组长，配备2名测工。每次量测资料及时绘制成"位移—时间曲线图"，送交总工程师审阅，出现问题立即研究对策，果断处理。测点位置的布置及量测仪器严格按规范及设计文件要求执行。

监控量测的目的：

(1)监视围岩应力和变形情况，掌握围岩和支护系统的力学动态，验证支护衬砌的设计效果，保证围岩稳定和施工安全。

(2)对量测数据分析处理，进行信息反馈，对已开挖、支护段的力学状态进行评价，对有险情段采取必要的补救措施，对下一步施工参数进行调整，确保隧道采用信息化手段施工。

(3)积累量测数据，为今后小间距隧道设计与施工提供工程类比的依据。

6.5.2　监控量测项目及内容

1.隧道洞内、外观察

测试方法：地质观测、地质素描、地质罗盘、数码摄像。

(1)洞内观察

分为开挖工作面观察和已施工地段观察两部分。

开挖工作面观察重点观察记录工作面的工程地质与水文情况，并绘制开挖面略图(地质素描)，填写工作面状态记录表及围岩级别判定卡；地质复杂地段积累影像资料；观察中发现围岩条件恶化时，立即采取相应处理措施。

对初期支护完成区段观察内容包括：

锚杆：安装位置及方向；灌浆是否饱满；垫板的松紧状态。

喷射混凝土：厚度及其与围岩密贴情况；裂纹发生位置、种类、宽度及长度；涌水处所及涌水量。

钢架：架设位置是否正确，不得侵入衬砌断面；背后是否与围岩密贴；背后回填不得用木材及干砌片石，应用喷射混凝土填满。

(2)洞外观察

重点在洞口段和洞身浅埋段;正常情况下每 3 d 观察一次,特殊情况下如洞口附近施工、雨季时,每天一次;观察内容包括对洞口地表情况、地表沉陷、边坡及仰坡的稳定、地表水渗透的观察,并做好记录。

2. 净空变化和拱顶下沉量测

观测仪器、项目等相关参数见表 6.5-1。

水平净空变化和拱顶下沉采用相同的量测频率,一般根据位移速度和距开挖工作面距离选择一个较高的量测频率。

表 6.5-1　监控量测项目及方法表

项目名称	方法及工具	测点布置要求
地质和 初期支护观测	岩性、结构面 产状及裂隙观察	开挖后及支护后进行
水平净空收敛	收敛计	Ⅳ,Ⅴ每 20 m 一个断面,每断面 2 对测点
拱顶下沉	水平仪、钢尺	Ⅳ,Ⅴ每 20 m 一个断面,每断面 3 对测点
锚杆轴力	各类电测锚杆	每 10 m 一个断面, 每断面至少 3 根锚杆,不能少于总数的 1%

3. 地表下沉量测

地表下沉量测必须在隧道开挖之前进行。地表下沉量测在开挖面前方隧道埋置深度与隧道开挖高度之和处开始,直到衬砌结构封闭、下沉基本停止时为止。浅埋隧道($H_0 \leqslant 2b$,H_0 为隧道埋深;b 为隧道最大开挖宽度)断面布置与洞内水平净空变化、拱顶下沉在同一横断面内;当地表有建筑物时,应在建筑物周围增设下沉测点。测点按普通水准点埋设,横断面方向在隧道中心及两侧间距离 2～5 m 施设下沉测点,每断面施设 7～11 个测点,监测范围在隧道开挖影响范围以外(隧道开挖影响范围计算公式:$D=B+2\times h\times\tan(45°-\phi/2)$,$D$ 为开挖影响范围;B 为隧道开挖宽度;h 为隧道开挖高度;ϕ 为围岩内摩擦角);地表下沉量测频率与拱顶下沉和净空变化的量测频率相同。

4. 锚杆量测

每根监测的锚杆一般布置 2～4 个测点，以了解应力沿锚杆的分布规律、锚杆的受力状态和加固效果。锚杆应力计按设计深度与裁截的锚杆对接，同时装好排气管。需要对焊的锚杆应力计注意与锚杆保持同轴，组装检测合格后的观测锚杆送入钻孔内安装时，应保护应力计不产生弯曲，锚杆根部应与孔口平齐，引出电缆或排气管后，安装检测合格则可灌浆埋设。

6.5.3　监测要求

地铁施工监测项目有：地表沉降、地下水位、土体位移、横通道拱顶沉降、横通道净空收敛、建筑物、裂缝监测等。根据相关规范和设计要求及现场实际情况相结合，进行监测。具体控制值和监测频率见表 6.5－2。

表 6.5－2　监测频率

监测项目	监控量测控制值	量测频率
地表	30 mm	围护结构施工及基坑开挖期间每天 1～2 次、主体结构施工期间每周 1～2 次
地表建筑物	沉降 30 mm 倾斜 0.2%H	
地下管线及结构物沉降	沉降 30 mm， 接头倾斜 0.02 mm	
围护墙(桩)顶沉降	30 mm	
围护墙(桩)顶水平位移	30 mm	
围护墙(桩)体水平位移	30 mm	
地下水位	1 m	
支撑轴力	100%设计值	

在监测过程中根据以下的实际情况适当改变观测频率，具体情况见表 6.5－3。

表 6.5-3　监测调整频率

监测项目	变化速率	调整后频率
地表、道路变化	变化速率≥4 mm/d	2次/d
	4 mm/d≥变化速率≥1 mm/d	1次/d
管线变化	变化速率≥2 mm/d	2次/d
	2 mm/d≥变化速率≥1 mm/d	1次/d
建(构)筑物变化	变化速率≥2 mm/d	2次/d
	2 mm/d≥变化速率≥0.2 mm/d	1次/d

6.5.4　量测数据的处理与应用

(1)根据现场量测数据及时绘制位移—时间曲线,曲线的时间坐标下应注明施工工序以及开挖工作面离量测断面的距离。

(2)当位移—时间曲线出现反弯点时,表明此时的围岩和支护已处于不稳定状态,必须停止开挖,对危险地段加强支护,密切监视围岩动态,确保已开挖段的安全。

(3)当位移—时间曲线趋于平缓时,进行数据处理或回归分析,以推算最终位移和位移变化规律。

(4)通过量测数据的分析处理,提供判别围岩和支护系统基本稳定的依据,掌握围岩稳定性变化规律,提出修改支护、衬砌设计参数和施工方法,确定二次衬砌和仰拱的施作时间。

6.5.5　隧道地表沉降监测成果

由于施工时可能会引起地层沉陷而波及地表,通过地面沉降监控量测可以直接判断施工状态的好坏。为确保地面道路的运行通畅,以及将该工程的施工对环境的影响控制在最低程度内,施工过程中进行了地表沉降的监测。

目前进行回归分析时,根据监测数据散点的分布规律可选用指数函数、对数函数和双曲函数。

D0＋806-7 监测点初始监测部分数据见表 6.5－4。

表 6.5－4 D0＋806-7 点位部分监测数据表

时间（d）	1	2	3	4	5	6	7	8	9	10
地表沉降（mm）	－0.75	－2.2	－4.1	－8.6	－11.6	－16.75	－21.05	－23.9	－24.4	－24.85

将表中数据在 Excel 中绘制成位移—时间曲线图，如图 6.5－1 所示。

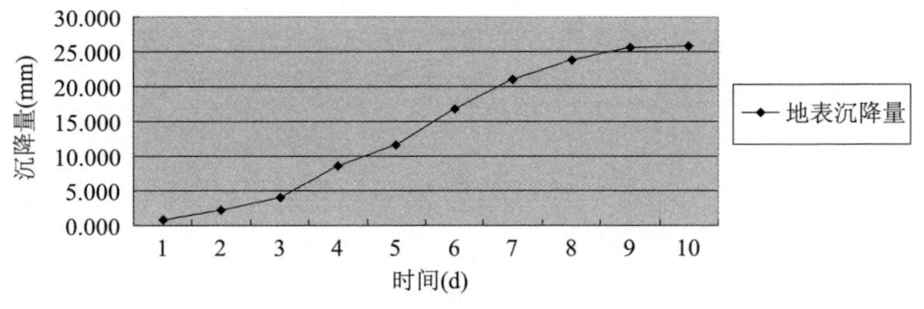

图 6.5－1 位移—时间曲线图

从地表沉降历时曲线可以看出，随着开挖工作面的向前推进，在距离工作面一定距离的地表上方开始出现先期沉降，直到开挖面处于测点正下方，这一部分沉降大多是由于开挖面的崩塌所引起工作面土压力失衡造成的。在图 6.5－1 的沉降历时曲线中可以看出，沉降速率的变化趋势是由小变大，而后又逐渐减小，最后趋于稳定。在工作面通过后的 2 d 内沉降速率达到了最大值 4 mm/d，此后沉降速率由平均 0.5 mm/d 降低到 0.23 mm/d，最后趋于稳定在 26 mm。从二衬施作完成后沉降曲线趋于稳定及现场施工环境的改善可以发现，初衬以及二衬及时封闭成环对于控制地表沉降和施工安全具有明显的作用。

根据位移—时间曲线的走向合理性的选择指数函数公式 $u=a\times$

$e^{-b/t}$作回归函数进行回归分析(若不能明确选择,可将以上函数分别进行回归分析,取拟合最优)。将非线性的指数函数线性化。在Excel中编辑公式进行计算,见表6.5-5。

应用Excel"数据分析功能"中"回归"对表中数据进行回归分析。

表6.5-5　计　算　表

时间 t(d)	1	2	3	4	5	6	7	8	9	10
地表沉降 u(mm)	0.750	2.200	4.100	8.600	11.600	16.750	21.050	23.900	24.400	24.850
$t_1=-\frac{1}{t}$ (d^{-1})	−1.000	−0.500	−0.333	−0.250	−0.200	−0.167	−0.142	−0.125	−0.111	−0.100
$u_1=\ln u$ (mm)	−0.287	0.788	1.411	2.152	2.451	2.818	3.047	3.174	3.195	3.213

从回归分析结果知Intercept截距$\ln a=3.402$,则$a=30.024$,斜率X Variable斜率$b=4.118$,代入公式$u=a\times e^{-b/t}$,得到指数回归方程:$u=30.024\times e^{-4.118/t}$。根据测试数据做出拟合曲线,如图6.5-2所示。

同时,可以从图6.5-2中得出相关系数$r=0.9526$,满足回归精度要求,在式$u=30.024\times e^{-4.118/t}$中取$t=30$,得到第30天预测沉降$u=26.173$ mm,与实际沉降监测结果26.730 mm相差不大,当$t=\infty$,一段期限内最大沉降为30.024 mm,也在预警值之内,说明监测开始期间内地表沉降未出现异常。

使用现场监测数据我也使用对数函数$u=a+b/\lg(1+t)$进行回归分析。

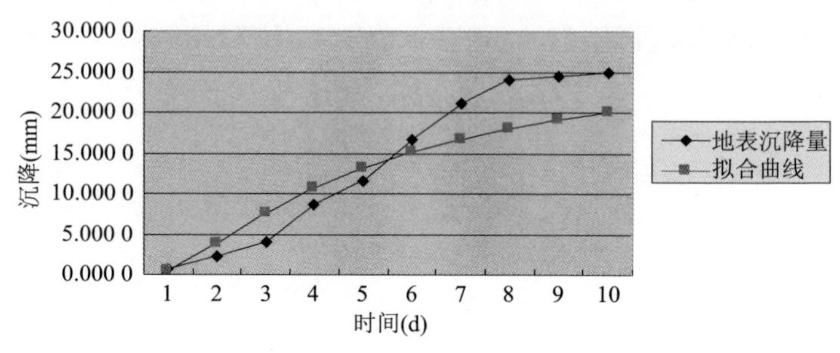

图 6.5-2 拟合曲线

从图中可以看出，其相关系数 $r=0.829\ 362$，拟合程度低，说明在常用的回归函数中，指数函数比较适合此工程该类数据的处理。

通过施工监测分析，地表沉降和拱顶下沉量均在控制范围内，确保了地面道路交通的正常安全运行，说明施工方案是安全可行的，达到了施工安全和经济合理的目的。

6.6 小 结

针对超大断面和工法转换中存在的关键技术问题，采用案例调研、理论分析、数值模拟及现场测试等手段开展了系统研究工作，取得了如下主要成果：

(1)中导洞法可以控制围岩变形并使围岩变形处在允许范围内，确保了洞内施工和地面道路交通的正常安全。

(2)基于工程类比和理论分析，提出了隧道开挖的钻爆法施工方案和支护措施，保证了施工过程中隧道上覆地层的稳定性，有效控制了爆破振动影响。施工过程中，隧道围岩稳定、变形量不大，未发生地表塌陷等事故，保证了施工安全，验证了本研究成果的正确性。

结　　论

1. 超大断面浅埋隧道施工关键技术

(1)以深圳轨道交通 7 号线深云车辆段出入线右 SDK1＋725.411～SDK1＋790.000 浅埋段为工程背景，提出了上下台阶进尺长度 2 m 上下台阶错开 1～1.5 倍开挖宽度的超大断面浅埋隧道施工关键技术。

(2)进行了详细的上下台阶法爆破参数设计，提出了爆破作业要点，并在爆破过程中进行不断优化爆破参数，保证了施工过程中隧道上覆地层的稳定性，有效控制了爆破振动影响，实现了光面爆破。

(3)总结出了挂网、锚杆和喷射混凝土施作要点以及施工安全措施，隧道开挖后围岩稳定、变形量不大，未发生地表塌陷等事故，保证了施工安全，验证了提出的施工技术的实用性。

2. 超大断面非对称小间距隧道施工关键技术

(1)建立了“先上下台阶法修建大隧道后全断面法修建小隧道”的超大断面非对称小间距隧道施工关键技术。

(2)开挖爆破均应采用光面爆破，在上半断面开挖中主要解决爆破振动对周围环境的影响，在下半断面的开挖中主要考虑确保中岩墙围岩的稳定和完整，以及控制后行隧道对先行隧道边墙初期支护的影响，以此进行了爆破参数详细设计。

(3)提出了中夹岩体注浆加固要点、中岩墙预应力锚杆加固要点、挂网要点、喷射混凝土要点、施工安全要点。

(4)通过现场施工安全监控量测，最大的拱顶下沉量为 14 mm、水平收敛值最后稳定在 6.0 mm 左右，均小于预警值，验证了本课题建立的超大断面非对称小间距隧道施工关键技术是可行的，值得推广应用。

3. 超大断面浅埋偏压隧道施工关键技术

(1)建立了基于双侧壁导坑法的超大断面浅埋偏压隧道施工关键

技术，左右导坑和中洞再采用台阶法开挖，且先浅埋一侧再深埋一侧，且左右导坑均设临时隔墙和仰拱，确保开挖后隧道的稳定与安全。

(2)对于浅埋一侧软弱地层，采用了对拉锚杆和混凝土挡土墙进行预加固处理，开挖进尺为 2 m，下台阶比上台阶滞后 3～4 个循环，右侧壁上台阶滞后左侧壁上层 1～2 倍洞跨，中洞上层开挖进尺 2 m 且滞后右侧壁上层 1～2 倍洞跨。

(3)详细给出了各施工工序要点，包括对拉锚杆和混凝土挡土墙预加固技术、爆破参数及爆破技术、隧道开挖技术、初期支护技术(钢拱架、钢筋网、侧壁临时支护、锚杆、喷射混凝土)以及隧道施工安全要点。

(4)进行了监测数据分析：地表沉降和水平收敛浅埋一侧都大于深埋一侧，沉降影响范围约为隧道中线两侧各 30 m；最大地表沉降 44.22 mm，在隧道中部偏浅埋一侧，但是由于地表未有其他建构筑物，故沉降虽大于了规定的 30 mm，但对于隧道施工的安全性影响并不大，在可控范围内；最大的导坑水平收敛位移接近开挖跨度 15.33 m的 0.1%左右，开挖后隧道是稳定的；从监测数据分析，本课题建立的基于双侧壁导坑法的超大断面浅埋偏压隧道施工关键技术是可行的，值得推广应用。

4. 超大断面非对称连拱隧道施工技术

(1)建立了三导洞法的超大断面非对称连拱隧道施工技术，具体施工工序为先中导洞开挖与支护、施作中墙、开挖大隧道一侧导坑并支护、台阶法开挖大隧道并支护、开挖小隧道一侧导坑并支护、台阶法开挖小隧道并支护、最后拆除大隧道内临时支护施作防水层和二衬、拆除小隧道内临时支护施作防水层和二衬。

(2)给出了大管棚和小导管超前支护施工流程及要点，爆破参数设计，开挖及支护要点，尤其是中墙的施作技术。

(3)结合现场监测数据分析，得出最大的地表沉降为 26 mm，表明开挖后隧道是稳定可控的，验证了基于三导洞法的超大断面非对称连拱隧道施工技术是可行的，值得推广应用。

参考文献

[1] 颜卫东,孙晓阳,肖龙鸽,等. 复杂环境下超浅埋暗挖超大断面尾矿渣填区隧道施工关键技术[J]. 施工技术,2016,45(13):11-17.

[2] 陈林杰,梁波,王国喜. 浅埋暗挖超大断面地铁车站隧道开挖方法研究[J]. 地下空间与工程学报,2013,9(4):928-933.

[3] 李讯,何川,耿萍,等. 浅埋超大断面暗挖隧道施工方法及支护力学特征[J]. 中南大学学报(自然科学版),2015,46(9):3385-3395.

[4] 石宵爽,曾祥国,赵师平,等. 超前开挖距离对大跨度小净距隧道稳定性影响的有限元析[J]. 四川建筑科学研究,2008,34(2):132-137.

[5] 杜菊红. 小间距隧道动态施工力学研究[D]. 上海:同济大学,2008.

[6] 龚建伍. 并行超小净距公路隧道施工变形监测分析[J]. 西部探矿工程,2010(11):203-205.

[7] 陈莹,林从谋,黄金山,等. 特大断面浅埋偏压隧道 CRD 工法下围岩位移变形规律[J]. 郑州轻工业学院学报(自然科学版),2013,28(1):76-79.

[8] 王维富,梅竹. 台阶法在超大断面浅埋偏压隧道中的应用研究[J]. 隧道建设(中英文), 2017, 37(12):1578-1584.

[9] 高峰,周谊一,胡学兵. 厦门市东坪山地下立交工程非对称连拱隧道结构计算分析[J]. 公路交通技术,2013(1):102-104,115.

[10] 何珺,张成平,杨公标,等. 砂卵石地层非对称连拱隧道结构受力模型试验研究[J]. 土木工程学报,2017,50(4):116-124.

[11] 聂善文,张端良,樊帅,等. 非对称连拱隧道不同开挖方案的比较分析[J]. 矿冶工程,2012,32(5):7-10.

[12] 房海勃. 浅埋大断面软弱围岩隧道进洞技术研究[D]. 西安:西安工业大学,2017.

[13] W Wittke. Design and construction of a shallow tunnel with large span in an urban area[J]. International Journal of Mining and Geological Engineering, 1988, 6(2):127-146.

[14] Y K Kotenkov, E M Rusakova, A K Fedulov. On-site investigations of a large-section tunnel in the complex of structures of a hydroelectric station[J]. Hydrotechnical Construction, 1988, 22(5): 299-305.

[15] Chehade F H, Shahrour I. Numerical analysis of the interaction between twin-tunnels: Influence of the relative position and construction procedure[J]. Tunnelling and Underground Space Technology, 2008, 23(2): 210-214.

[16] A Paternesi, H F Schweiger, G Scarpelli. Parameter Calibration and Numerical Analysis of Twin Shallow Tunnels[J]. Rock Mechanics & Rock Engineering, 2017, 50(5): 1-20.

[17] R Tiwari, T Chakraborty, V Matsagar. Dynamic Analysis of a Twin Tunnel in Soil Subjected to Internal Blast Loading[J]. Indian Geotechnical Journal, 2016, 56(4): 1-12.